冷酷
座間9人殺害事件

小 野 一 光

幻冬舎アウトロー文庫

プロローグ

その事件のことを知ったのは、二〇一七年十月三十一日の朝刊だった。

神奈川県座間市のアパートの一室で、三十日の午後に、クーラーボックスのなかから切断された二人分の頭部が発見されたというもの。記事は、室内からほかにも大型の箱が見つかったことに触れており、被害者の数はさらに増えそうだということを示唆している。また、警視庁はこの部屋に住む職業不詳の二十代の男の身柄を確保していて、死体遺棄容疑で逮捕する方針だと報じていた。

それから間もなく、同日の昼のテレビニュースで、遺体は九人分あり、うち八人は女性であると判明したことを知らされる。逮捕された男の名は白石隆浩（当時27）。その時点で、白石と、室内から遺体で発見された可能性が高い東京都八王子市の二十三歳の女性が、インターネットの自殺サイトで知り合ったとみられることも明らかにされた。

白石はその女性を「殺害した」と供述。「遺体は浴室で解体した」として、それらの一部は捨てたことを話している、との内容だった。

九人という人数の多さにまず驚かされたが、逮捕されて間もないだろう白石が、すでに私が耳にした内容だけで、殺人、死体損壊、死体遺棄への関与を口にしていることにも驚いた。通常、こうした大量殺人などの重大犯罪では、被疑者が己の関わりを否定したり、黙秘したりすることが多い。しかしこの事件においては、どうやら被疑者が身柄確保されてすぐに〝完オチ〟している様子なのである。

被害者がこれほどの人数で、しかも全員が殺人によるものということになれば、それはすなわち、〝死刑〟に直結する。厳しい現実を前に、まずは逃げに回るというのが、たいていの犯罪者の定跡だ。だが彼は、そうした行動をとっている様子がない。そんな被疑者とは、いったいどういう人物なのだろうとの興味を抱いた記憶がある。

かつての私ならば、この事件発生の一報を受け、旧知の雑誌媒体と連絡を取り、すぐに取材に出向いたはずだ。だが、そのときは複数の連載を同時に抱え、とても取材に動ける状況ではなかった。現場に行けないもどかしさに身悶えしながら、次々と明らかになっていく犯行状況を、ただ指をくわえて見ているしかない日々が続いた。

そうしているうちに、被害者についても全員が特定され、その人となりや、白石との接点を持った時期、その他、白石本人の大まかな境遇や、逮捕後の彼の供述内容なども詳らかにされていった。さらにはそこに、白石と逮捕直前までやり取りをしていた女性の告白なども加わり、いまさら私の入り込む余地などないほどに、この事件についての情報が、丸裸にされていったのである。

やがて、拘置所にいる白石と面会したことを報じる記事も出現するようになった。そこでは彼が事件について、肝心な内容を語る条件として金銭を要求していることが記されていた。この件に関わった知り合いの編集者から直接、彼が「ここから先は三万円払ってもらわないと話せない」と口にしていたことなども耳にしたことから、一気に取材欲が萎えてしまい、しばらくこの事件については、距離を置くようになっていた。

そして二〇二〇年になり、新型コロナウイルスについての話題が世間を賑わせ始めた同年の初頭、私自身の体に、死を意識せざるを得ない大病が見つかり、春先にかけて手術と療養をすることになった。退院して間もなく、政府による新型コロナウイルスでの緊急事態宣言が発令されるなど、まさに駆け込みともいえるタイミングだった。

緊急事態宣言下で自宅にいる時間が増えた私は、ふとこの事件はどうなっているのだろうと気になって調べてみたところ、やはりコロナの影響で裁判の目途が立っていないことを聞かされた。同時に、白石の勾留されている立川拘置所も、現在は被告との面会が停止されていることを知る。そのことが、一旦消えていた好奇心に火をつけた。

これまでの経験から、としか言いようがないが、私は、白石のようなタイプの犯罪者にアプローチをする場合、たとえ手紙で幾度も良心に訴えかけたり、報道の意義を訴えたりしても、受け入れられないことを身に染みて知っていた。もちろん、相手が〝線引き〟をする前の、初期のうちに関係性を作っていれば、例外はある。だがすでに逮捕から二年以上が経過しており、それは無理な相談だった。となれば、逆にこちらから、ビジネスライクに相手への利益の提供を申し出たほうが、あっさり扉は開くだろうと想像した。まず扉を開き、そこから懐柔していくほかに道はない。

ただし、それをやってしまえば、利益供与による情報の入手であり、ジャーナリズムではなくなってしまう。その葛藤がないわけではないが、私はあっさり放棄することにした。幸いにして私はジャーナリストを標榜していない。ノンフィクションとはつけているが、あくまでもライターである。物議はかもすかもしれないが、私個人の知りたい、見てみたい欲求を満たすことを優先させることにしたのである。どうせ一度は失いかけた命であり、いつまで持続できるかわからない、との思いも、そんな私を後押しすることに繋がった。

それからの私は、彼との〝対面記〟を連載させてくれる媒体を探し、某誌に快諾を得た。緊急事態宣言の解除を待って、私は拘置所の白石に往復はがきで手紙を書いた。その文面は以下の通りだ。

〈はじめまして。突然のお手紙失礼いたします。私はノンフィクションライターの小野一光と申します。これまでに殺人事件を扱った『殺人犯との対話』や『家族喰い―尼崎連続変死事件の真相―』といった本を出版しています。今回、『××（本文実名）』という雑誌のために、ぜひ白石様のお話を連続してお伺いできないかと考えております。もちろん取材には毎回謝礼をお支払いいたします。その金額、内容につきまして、ご相談できればと思っています。そのために一度、面会の機会を頂けないでしょうか。葉書にてご都合をお教えいただけると幸いです。よろしくお願いいたします〉

その顚末（てんまつ）がどうなったかが、ここから先に続く話である。

冷酷　座間9人殺害事件　目次

II　裁判

DTP　美創

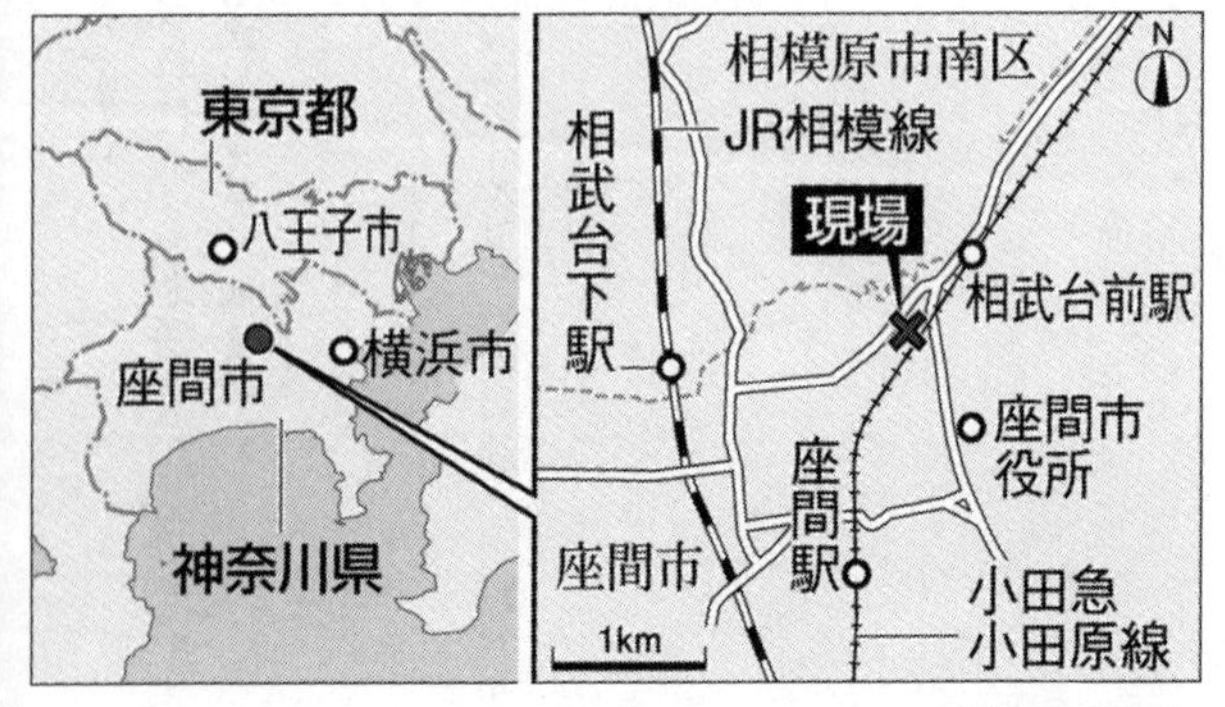
東京都
八王子市
横浜市
座間市
神奈川県
相模原市南区
JR相模線
相武台下駅
現場
相武台前駅
座間市役所
座間駅
座間市
小田急小田原線
1km
N

提供：朝日新聞社

I 面会

第1回 2020年7月2日

「これから裁判があって死刑が確定するじゃないですか」

事前に拙著を読んでおく如才なさ

殺人犯との面会は、彼で十人目となる――。

白石隆浩、二十九歳。

二〇一七年十月三十一日に、神奈川県座間市のアパートで男女九人のバラバラ遺体が発見された事件の犯人だ。八件の強盗・強制性交等殺人、一件の強盗殺人、九件の死体損壊と死体遺棄罪で起訴された彼は、東京都内の立川拘置所に身柄を置かれている。

その白石と最初に面会したのは、二〇二〇年七月二日のこと。基本的に、「謝礼を支払わない相手の取材は受けない」と公言する彼との面会の約束を取り付けるため、常識の範囲内での謝礼額を提示し、面会に至ったことを、事前に明かしておく。

まず私が手紙でその旨を伝え、返信を待っていたところ、彼はすでに面会していた記者をメッセンジャーにして、私に連絡を取ってきた。どうやら見知らぬ相手に直接手紙を出すことには抵抗があるらしく、私と電話で話したその記者は、「白石さんからの伝言ですが、面会希望の日付を記した電報を送ってから、面会にやって来てくださいとのことです」と彼からの言付けを口にした。

以後、週一のペースで面会を重ねることになるのだが、今回はその一回目について。

立川拘置所の面会室に姿を現した白石は、まず両手を体の側面にくっつけて、深々と頭を下げた。コロナ対策でマスクをしていて口元の様子はわからないが、目元は逮捕前に撮られた写真で見た通りの、柔和な印象を抱かせるものだ。険(けん)は感じない。髪の毛は伸び放題のくせ毛で、ゆうに肩まである。

白石隆浩（フェイスブックより）

服装は私物ではなく、拘置所で支給されるペパーミントグリーンの半袖、半ズボンの上下で、医師の手術着をイメージさせる。

「これ着心地がいいんで」

私が着衣について触れると、そう口にして目を細めた。さして特徴のない、ごく普通の青年の声。口調も柔らかい。

「あの、小野さんって将棋やらないんですか？」

質問をする前に、唐突に将棋の話を切り出された。

「いや、動かし方を知ってるくらいだけど。白石さんは将棋やるの？」

「ここに来てから官本を読んで勉強したんです。きっかけは単純にヒマだったからですね。ただ、誰とも対戦できないから、紙に書いて、ひとり将棋をやってるんです」

ノートに将棋盤を描き、自分と先方の手を進めては、消しゴムで消しながら展開しているのだという。官本で将棋に関する本は十冊ほどあるそうだ。

「なんか研究すると、わかっても受けきれない技があるんですよね。あの、それでお願いがあるんですけど、もし可能なら将棋の戦術書を入れてもらえませんか？」

「いいけど、どれくらいのレベルの本がいいの？」

「もう、めちゃくちゃ難しいものでいいです。そういうので勉強したいんで」

「わかった。じゃあ次回に差し入れるね」

「うわ〜っ、ありがとうございます〜」

白石はこちらを拝むように手を合わせると、アクリル板越しに頭を下げた。

「将棋以外には、どんなことをふだんやってるの？」

「そうですねえ、ここに入ってからですけど、漫画を描いてます。最初は酷かったんですけど、デッサンを勉強したり、教科書を入れてもらってストーリーを作ったりとか……。あとは写経をしています。それと格闘技の本を読んでいて、空手とボクシング、ジークンドーをやってます」

「それって、全部拘置所に入ってから？」

「そうですね。捕まる前はおカネで美味しいものを食べたり、女の子と遊んだりとかだけでしたから。そういえば、小野さんに手紙をもらってから、小野さんが書いた『人殺しの論理』（幻冬舎新書）を読んだんですよ。そうしたら、殺人犯に肩入れして、被害者の親族から責められたりしてて、面白い人だなって思いました。今日会ってみて感じましたけど、さすが、流れを作るのがうまいですね」

私の著書について触れ、さらには持ち上げてくる。こちらとしても、良く言われて悪い気はしない。そうした如才のなさは、逮捕前に新宿でスカウトをやっていた経験が影響しているのかもしれない。

死刑確定〝その後〟への心配

「いやほんと、小野さんも将棋勉強してくださいよ。そのときはおカネいりませんから」

ふたたび将棋の話をしてくる。よっぽど将棋談義がしたいのだろう。彼から「おカネ」との言葉が出てきたので、貯めている金銭の使い道を知るために、「貯めたおカネで自弁（自分で購入する弁当）とか買ってるの？」と質問した。

「いや、弁当は買わずにおやつだけを買ってますね。だって、弁当を買うとご飯（官弁）が出ないいんですよ。それってもったいないじゃないですか」

なかなかにしっかりした金銭感覚を持っているようだ。すると白石は唐突に切り出す。

「あの、ちょっとお伺いしたいんですけど、これから裁判があって死刑が確定するじゃないですか。そうしたら面会について、なんとかならないんですかね？」

白石がすでに極刑を覚悟しているという話は知っていた。とはいえ、みずからそのことを持ち出し、〝その後〟を気にしていることには驚いた。

私は、死刑確定後には家族や弁護士などを除いて、友人についてはほとんど面会が却下されてしまう現実を伝えた。すると彼は残念そうに目を瞑り、「ああーっ、やっぱりそうなんだ」と声に出す。

「いま何人かと面会してるなかで、これはと思う人には、面会申込書に自宅の住所を記してもらうようにして、私との関係（続柄）についても〝友人〟と書いてもらってるんです。刑の確定後にも会えるようにしようとしてたんですけど、やっぱりダメなんですね」

そこで私は、現在とある死刑囚が、友人との面会を求めて裁判を起こそうとしていることを話した。

「いや、そういう話が聞けてよかったです。刑の確定後についての情報がないんで、なんでも教えてください」

死刑の覚悟はできている彼だが、確定後の孤独を恐れていることが窺える。

「たしかかなり前には、死刑囚だけの集まりとかが拘置所であったみたいですけど、そういうのはいまは？」

「いや、いまは少なくとも私が聞く限りではやってないと思う。死刑囚は独居房で、周囲との会話はほとんど許されてないから」

「うわっ、そうかあ〜」

ここでも白石は残念そうな声を上げ、両手で顔を洗うときのように目を覆う。意外と感情が態度に現れることがわかった。

「まあでも、被害者のなかに埼玉の人とかいたでしょ。そっちに行かされなくて良かったですよ」

続いて出てきたその言葉は、埼玉の拘置所に勾留されなくて良かったということを意味しているのだろう。ここ、立川拘置所は施設が新しいこともあり、彼にとってはいい環境だということだと捉えた。

その後、次回の面会日について打ち合わせ、私は最初の面会を終えることにした。

「あ、そういえばコロナ大変ですねぇ。さっきラジオで聞いたんですけど、今日（東京）は百人を超えたらしいじゃないですか……」

「そうらしいねぇ。緊急事態宣言が復活ってことにならないといいんだけど」

「そうなんですよ〜。ほんと、それだけが心配なんで……」

緊急事態宣言が出ている間、拘置所での面会はできなくなっていた。白石はそのことを心配しているのだ。

「まあ、拘置所ではコロナは大丈夫だと思うけど、体には気をつけて」

「はい。小野さんも体に気をつけてくださいね」

面会初日は、殺人犯に健康の心配をされて、見送られたのだった。

第2回
7月9日

「もう〝これは終わった〟と思って、諦めて喋りました」

家族は誰も来ていない

私が白石と前回約束していた二回目の面会日は、七月九日だった。

当日、笑顔で面会室に入ってきた彼は、拘置所で支給されたペパーミントグリーンの上下という服装。ただし、前回は半ズボンだったが、今回は長ズボンだ。

「あの、この前の面会が終わって小野さんが帰ったあと、小野さんのことを思い浮かべて、似顔絵を描いたんですよ……」

白石はいきなりそう口にすると、持参したノートを開く。見ると、鉛筆で描かれた私の似顔絵があった。元々ヒゲに眼鏡、ニットキャップというわかりやすい外見ではあるが、それらの特徴を良く捉えている。「いやいや、ありがとうございます」と礼を言う。

この面会の数日前に、初公判の日程が九月三十日に決定したとの報道があった。そこで、初公判について、いつ知ったのか尋ねた。

「七月六日に公判前整理手続きがあったんですね。そこで言われました。そうしたら期日が九月三十日から十二月中旬までってことで、あー、もーちょいいくかなって予想してたんですけど、それよりは短かったです」

たしかに、被害者が九人もいる事件のため、裁判員裁判だとしても、審理期間が長期にわたることが予想された。それがさほどではなかったということは、争う部分が少ないということだ。そこで裁判にはどんな方針で臨むつもりか聞く。

「自分は事実関係で争うつもりはないんです。ただ、弁護士さんはいろいろ考えてるみたいです。公判前整理手続きで話に出てたのは、加害者側の意識、行為については一切争わないとなってるんですけど、私の犯行時の精神状態と、被害者側の同意うんぬんについては、争う気があるみたいなんですよね」

そう言うと、初公判の日程が決まった途端、記者が面会を希望して押し寄せたことについて、笑いを交えて語る。

「ははは、記者はやっぱり来ましたね。その日は五社来ました。誰かと会ったら、それ以降はどこの誰が来たかは知らないんで、全部で何社かはわかりません。今日も小野さんが来る前に知らない人が来てましたよ」

立川拘置所は一人の収容者につき、一日に面会できるのは一組限りだ。そのため、誰かと面会する前であれば、こういう人が面会希望で来ているということを知ることができるのだが、面会の権利を行使してしまうと、それ以降に誰かがやって来ても、収容者に通知されることはないのである。

私は白石に、この一週間なにをして過ごしていたのか質問した。

「まあまず、小野さんの似顔絵を描いて、あとは将棋と筋トレですね。それ以外はおやつを食べたりして……。〝惣菜タマゴ〟っていうのがあって、いまハマってるんです。薄いしょうゆ味の煮タマゴなんですけど、それこそ日本酒に合いそうなオツマミなんですよ」

「あ、そういう話をするってことは、お酒飲むんだ？」

「お酒は好きでしたね。ウイスキーが好きで、コンビニで安いのを買っては、砂糖水で割って飲んでました。日本酒は若いとき、スカウト時代に飲んでましたけど、（その時期に職業安定法違反容疑で）捕まって出てからはウイスキーばかりですよ。なので、家でひとりで飲むときってのはウイスキーです。小野さんはなにを飲みます？」

「焼酎とウイスキーかな」

「それ、うちのオヤジと一緒です。家でいつも焼酎とウイスキーを飲んでました。俺、焼酎はダメなんですよね。臭いがダメで……」

「お父さんって、なにやってる人なんだっけ?」

「機械とかの、細かい部品の設計ですね。会社に勤めてたんですけど、途中で独立して、自営業の部品デザイナーをやってました」

まさか家族の話題が出るとは思わなかったため、この機会に乗じて、「家族は誰か面会に来たりするの?」と話を持ちかけた。

「はーっ、来ないです。家族は誰も来てない」

最初にため息に近い声を吐き出したが、そこからは、家族が来るはずもないという声色だった。

「手紙とかは?」

「手紙は出してないですし、来てないですね。逆にここまで騒ぎになって、向こうからアクションがないっていうのは、関わりを持ちたくないんじゃないですかね。もう十分に迷惑がかかってると思うし……」

「(家族は)実家からは引っ越してると思うけど、住所を調べたりはしないの?」

「たぶん、住所は調べないと思います」

落ち込んでいるというよりは、淡々とした表情だ。私は話題を変えることにし、逮捕されたときの状況について教えてほしいと切り出した。

警察が訪れた瞬間の本音

白石は行方不明の妹を捜す、九番目の被害者の兄に「心当たりがある男がいる」と情報提供をしたQさんという女性に誘い出され、待ち合わせ場所から自宅に戻ったあとで逮捕されている。後にわかったことだが、Qさんはその存在を被害者の兄から聞いた捜査当局に協力を依頼され、白石に二度目の接触を持ちかけていたのだった。

「ああ、あのときは私を引っかけた女性（Qさん）に、町田駅（東京都）に呼び出されて、行ったけどいなくて、家に帰るのを警察に尾行されたんです。それで家に着いて二時間くらい経ってから、警察が来たんです」

白石によれば、ツイッターで「首吊り士」をハンドルネームにしていた彼に「殺してください」と連絡を入れてきたQさんとは、逮捕の十日前に一度、町田市内のファミリーレストランで会っていたという。そこで彼女は、「一回部屋に行っていいですか？」と、次回についての話をして別れたそうだ。

「うーん、これ言っちゃっていいのかなあ。その女性には持病があって、薬でアレルギーを起こす体質だったんですよ。薬を飲むと体にボツボツができるという……。それで

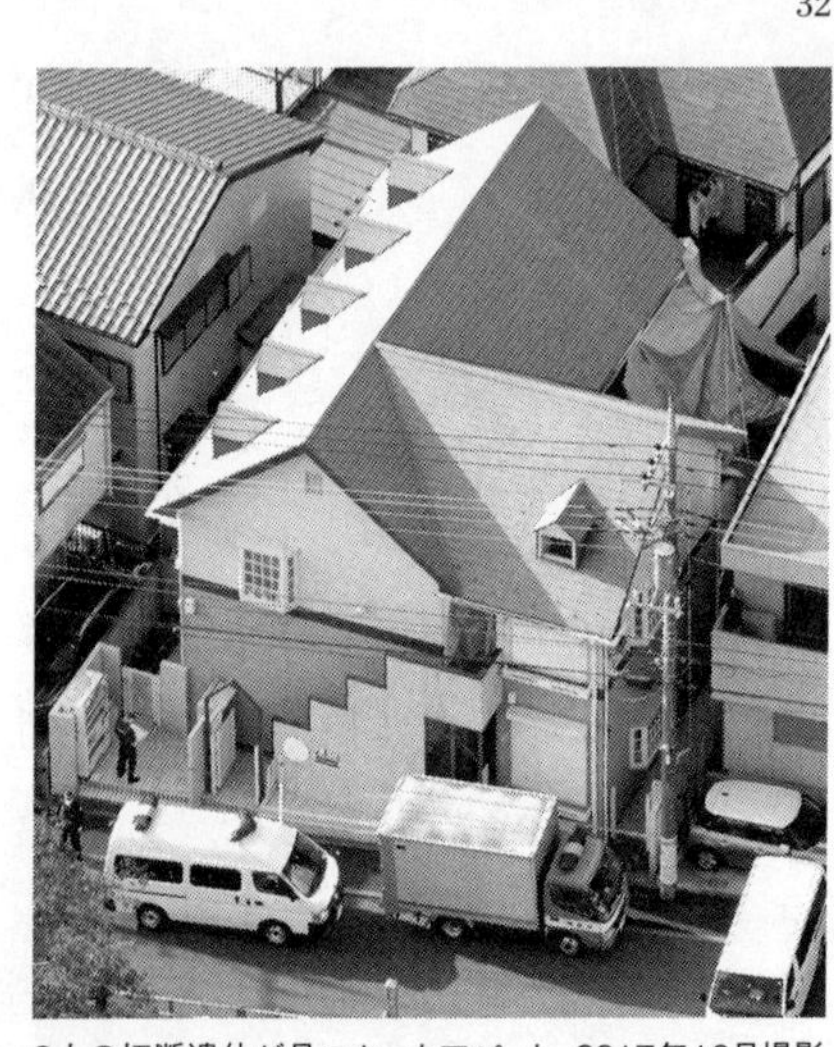

9人の切断遺体が見つかったアパート。2017年10月撮影
（写真提供：共同通信社）

最初に会ったときも、長袖に長ズボン、それにマスクっていう姿だったんですね。そういうこともあって、疲れちゃってると思い、信用してたんです」

「逮捕されたときには、Qさんにハメられたと思った？」

「いや、それに気付いたのはあとになってからです。逮捕のときに、その子のことは言われなかったから」

彼は続いて、逮捕時の詳細を語り始めた。

「警察の人はインターホン越しに、九人目の被害者の名前を出して、いついつから行方不明なんですけど、なにか知らないですかって言ったんですね。それで『知らないです』って答えたら、口調がいきなり変わって、『お前がいろんな女をここに連れ込んでるのを知ってるんだぞ』みたいなことを言われて、画面越しに警察手帳を見せられたんです。そのときに〝終わった〟と思いました。ドアを開くと、五人くらいがドカドカと部屋に入ってきて、それで僕は壁に手をついて、『ここに××さんの遺体が――』、『ここには××さんの遺体が――』って、そのうち鑑識とか応援の警察官が二十人から三十人くらい来ましたね」

「捜査員に踏み込まれて、すぐに遺体について喋ったんだ？」

「もう〝これは終わった〟と思って、諦めて喋りました。スカウト時代に逮捕されたことがあったんで、もう無理だって……」

まだ話を聞きたいが、ここで面会時間があと五分だと告げられる。終わりの五分間は事件について聞かないようにしている私は、次回の面会日や差し入れについての話題に切り替えた。その日、私は白石に拙著『連続殺人犯』（文春文庫）と、書名は失念したが将棋の戦術書を差し入れていた。そこで彼は言う。

「将棋の本だったらなんでもいいですよ。なんか良さそうなやつをお願いします」

「わかった。じゃあそうするね。ところで前回、空いた時間に格闘技の本を読んで、空手とボクシング、それにジークンドーをやってるって話してたけど、ジークンドーを選んだのって、ブルース・リーの影響？」

「そうです。ブルース・リーの映画を見てたからですね」

そう口にすると立ち上がり、こちらに向かって深々とおじぎをすると、先に立った刑務官に続いて面会室を出ていったのだった。

第3回
7月15日

「僕なんて子どもを持ってみたかったほうだから……」

拙著『連続殺人犯』のページをめくる手が重い

白石はいつも面会室に入ってくるなり、直立不動の姿勢で頭を深々と下げる――。

七月十五日、三回目の面会でもそうだった。そして彼は椅子に座るなり、こちらを見て切り出した。

「今日までに『連続殺人犯』を読み終えようと思って、ずっと読んでました」

前回、私は最初の面会で彼に読みたいと言われた拙著『連続殺人犯』を、将棋の戦術書とともに差し入れていた。それを読了したというのだ。同書には、私が取材した十人の連続殺人犯が登場する。

「もう、自分の身に同じことが起きると思うと、ページをめくる手が重くて……」

〝連続殺人犯〟とタイトルで謳っている通り、取り上げているのは、複数の人を殺めた犯人ばかりだ。そこに登場する者のほとんどが死刑判決を受け、刑の確定によって面会が厳しく制限されてしまう。そのことを言っているのだろう。

「でも、今日小野さんに会うまでに読んでおかないと、失礼だと思って……」

こういうことに関しては、生真面目なところがある。ただし、これまでのスカウトの仕事で身につけた〝処世術〟の一つである可能性は否めない。

「でも、あの懲役三十年の子、もったいないですね……」

白石が切り出したのは、大阪で発生した、自分の幼い子ども二人を自宅に残したまま遊び歩き、衰弱死させた女の事件について。

「自分で育てられないなら、（子どもを）預けちゃえばって思うんですけどねぇ。僕なんて子どもを持ってみたかったほうだから……」

そこで私は、事前に新聞記事で読んでいた、彼の両親が離婚していたことに触れる。

「家を出たあと、（家族に）なにが起きたか知らないんですよね。スカウトで捕まったあとに、部屋を借りようと思って住民票を取ったら、僕と父しかいないんですよ。それで両親が離婚して、母が妹を連れて出て行ったことを知ったくらいなので」

かつて東京都内でスカウトの仕事をしていた白石には、二〇一七年二月に、女性を風俗店に紹介して売春させたとして職業安定法違反容疑で茨城県警に逮捕された過去がある。この事件では、同年五月に懲役一年二月（執行猶予三年）の判決を受けていた。

「スカウトで逮捕されたときは、接見禁止がついていたんですね。そうなると会えるのは弁護士だけでしょ。今回、接禁（接見禁止）がずっとついていたら、キツかったと思いますね」

「今回、接禁はいつ取れたの？」

「鑑定留置が終わってから解除されました」

同年十月に今回の事件で逮捕された白石は、一八年四月三日から九月三日まで、刑事責任能力の有無を調べるため精神状態を鑑定する鑑定留置が行われ、同年九月十日に起訴されている。たぶん、接見禁止が解除されたのは、その起訴がなされてからだろう。

少々話が脱線したため、改めて家族と没交渉だったことの理由を尋ねると、彼は中学時代から父親と不仲だったことを挙げた。

「やっぱ思春期だったこともあって、くだらない理由で父親とぶつかっていたんですよ。それこそ風呂が長いとか、ゲームで〝寝落ち〟してたり、歯磨き中に水を出しっ放しで怒られるとか、そんな理由です。それで、もう早く就職をして家を出たかったんですよね」

白石の父親は機械部品のデザイナーを自営でやっており、いつも家にいたという。中学時代の彼が、神奈川県にある某公立高校を選んだ理由も、そんな父親への反発からだった。

「（白石が通った）××高校のパンフを見てたら、就職率百パーセントって書いてあったんですよ。これはスゴイと思って、そこを受けたんです。早く就職して家を出たかったから……」

なぜ遺体を室内に放置したのか

そこで私は気になったことを聞く。

「お母さんって、どんな人だったの？」

「もう、お母さんはめっちゃイイ人だったですね。料理がうまいし、話を聞いてくれるし、わがままを聞いてくれるし……。いま思うとひどいことをしたなと思いますよ。高校時代にパチスロにハマって、おカネを無心して五十万円くらい借りちゃって、返せずにそのまま家を出てますから。優しくて、頼めばすぐに貸してくれてたんです……」

ただ、そこまで話してから、やや考えて次の言葉を口にした。

「普通の親子としてはおかしな話なんですけど、僕、携帯に親の電話番号を登録してなかったんですよ」

「どうして？」

「自立して全部自分でやりたかったから。もうほんと、親に頼りたくなくて……」

白石は高校を卒業後、高校時代にバイトをしていたスーパーマーケットチェーンで正社員になった。バイト時代は座間店にいたが、社員になってからは研修で立川店に、続いて登戸（のぼりと）、戸塚、中央林間（ちゅうおうりんかん）などの支店をまわっていた。このスーパーマーケットチェーンには約二年半勤めて辞めている。

「給料が手取りで十五万円くらいで、安いなと思って辞めたんです。当時は実家を出て横浜の戸塚に住んでました。ただ、辞めてほかの仕事を始めてから、××（スーパーマーケットチェーン）は保険がしっかりしてたってことに気付いたんですね。ああ～っ、失敗したなあって、あとで気付いたんです」

聞けば、白石は次に通信会社の訪問販売の仕事に就くが、合わずに三カ月で辞め、その次に携帯電話販売店の窓口業務の仕事に就いたが、そこも合わずに半年で辞めていた。

彼は苦笑する。

「どっちも社員になったんですけど、ここまで（保険などが）しっかりしてないのかって思いましたね。で、それからヒモになって、相手の部屋に転がり込んでたんですけど、二カ月くらいして浮気がバレて、追い出されちゃったんですよ」

相手の女性は十五歳年上だったそうだ。白石は戸塚の部屋を出て、彼女が住む相武台前駅（神奈川県座間市）のアパートにいたという。私がその女性との出会いについて尋ねたところ、「うーん、これは言っちゃってもいいのかなあ……」と逡巡する姿を見せた。

「あの、出会いはネットってことでいいですか？」

悩んだ末に、そう提案してきた白石に私は言う。

「いやいや、本当でないなら無理して答えを出さなくてもいいよ。そういうときは『言えない』って言ってもらったほうがいいから」

「あ、じゃあそういうことでお願いします」

ここで彼の背後の刑務官から「あと五分です」との声がかかる。そのため話題を切り替えて、次回の面会日や差し入れを希望する物品について話すことにした。この日は前回とは別の将棋の戦術書を差し入れていたが、白石の口から出てきたのは「将棋（の本）をいっぱいください」との要求だった。

そのときにふと、前回の対話のなかで、警察が自宅に現れたとき、彼がすぐに諦めて、被害者の遺体の所在を明かしたという場面が頭をよぎった。そこでつい、〝最後の五分は事件の話はしない〟という、みずからに課した禁を破って、次の言葉が口をついていた。

「あの、この前の話で出てたけど、なんで室内の遺体を処分しなかったの？」

「ああ、あのときですか。携帯で処分方法をいろいろ調べたんですね。そうしたら、遺体の見つかるリスクが高いのが、〝捨てに行くときの職質〟と〝穴を掘って埋めようとしているとき〟、あと〝埋めたのを犬に掘り出されて〟だったんですよ。だから、いずれレンタル倉庫を借りようと思っていました。その矢先だったんです」

「でも、遺体を部屋に保管してたら臭ったでしょ」

「いや、それは今度言いますけど、いろいろ調べて、完璧に処理をしてたんです。それで全然臭わなかった」

刑務官が「そろそろ終わりに……」と言わんばかりの表情でこちらを見ている。

「わかった。では次回ね」

そう告げて、私は席を立った。

第4回
7月22日

「腐敗臭がとにかく辛いけど、捕まりたくない一心だったんです」

遺体は「人生で嗅いだことのない臭い」

「最近、カップヌードル　ミニに七味（唐辛子）を入れて、辛いラーメンにして食べてるんですよ。ただ、お湯が支給される時間って決まってるから待ちきれなくて、いつでも飲める常温の水で作った〝水ヌードル〟も始めました」

七月二十二日の四回目の面会は、白石の〝マイブーム〟の話で始まった。彼は「食事がストレス解消なんです」と語る。

「昼とかに〝当たり〟があるんですよね。麺類が好きなんですけど、天ぷらそばとかが出ることがあるんですよ。自弁（個人で購入する弁当）にしちゃうと、それが潰れてしまう（食事が出ない）んで、もったいないんですよね」

ちなみに食事以外では、絵を描いたり、写経をすることも、ストレス解消法だという。

「なにもしていないと、時間が経つのが遅いんです。絵とかに集中すると、時間が過ぎるのが早いから……」

時間潰しの手段としての睡眠を連想した私は、唐突に「夜に寝てて、夢とかって見る？」と尋ねた。

「夢はめっちゃ見ますね。今朝見たのは、××（白石が社員だったスーパーマーケットチェーン）の総菜コーナーで、バイトをしてる夢でした。商品に値引きシールを貼ってるんです」

ちなみに二十一時に消灯となり、起床は六時だそうだ。

「事件についての夢とかは、見たりしないんだ」

「そうですね。不思議なくらい、事件についての夢は見ないですねぇ」

嘘をついたり、虚勢を張っている表情ではない。本当に見ていないのだろう。

「最近は面会の申し込みがすごいんですよ。今日も小野さんが来る前に××新聞、××テレビ、テレビ××、××新聞が来ました」

初公判の日程が出てからは、各社ともに白石のコメントを取ろうとしているのだろう。

私は弁護人との打ち合わせはどうなっているのか尋ねた。

「弁護士とは週一で会ってます。ただ、とくに話すこともないので、差し入れのリクエストをしてるんです。衣類とか本とか、なんでも頼んでますね」

前回の面会終了の直前、白石は殺害した九人の遺体を部屋で保管した際の臭いについて、消臭方法を次回の面会のときに話すと口にしていた。そこで私は話を持ち出す。

「臭い消しについては、最初に携帯で調べたんです。『腐敗臭』でやると、バーッと出てきますよ。漂白剤が効くとか、猫砂がいいとか……。その通りに試してやってました。もう、××（商品名）が半端ないです。まな板の消毒とかにもいいし……」

「やっぱり遺体は臭いが強いものなの？」

「そうですね。臭いは強いです。とくに内臓とか尋常じゃないです。腹を割ったときが一番すごい。割った瞬間に臭いが出てきますから。臭いについては警察でも聞かれたんですけど、説明しようがない、それまでの人生で嗅いだことのない臭いです」

まるで夏場の食品について話すかのように、平然と口にする。そんな彼に聞く。

「解体するときに、気味の悪さは感じなかったの？」

「それはもう、自分でなんとか乗り越えました。腐敗臭で満たされるのは辛かったですよ。最初の解体には二日かかったんですね。その二日間は腐敗臭で満たされてたから辛かったです。ただ、腐敗臭がとにかく辛いけど、捕まりたくない一心だったんです」

捨てた部位、捨てなかった部位

続いて、解体用の道具についての説明を始めた。

「片刃ノコギリと包丁二本、あと包丁を研ぐための砥石とハサミを用意しました。ハサミは皮を切るためです。僕も自分でやるまでわからなかったんですけど、人間の皮って尋常じゃないくらい硬いんですよ。分厚いし切れない。最初は包丁でやろうとしたんですけど、刃が滑って切れないから……。ハサミのほうが切りやすかったですね。解体方法についてはネットで調べました。調べた通りにやったんです。風呂場で……」

その後も遺体の処理方法について、白石は饒舌に語る。

「骨から肉をそぎ落として、鍋で煮て猫砂に入れてました。鍋で煮るときはキムチ鍋の素を入れて消臭してました」

その話から、彼がいかに臭いを消すことに腐心していたかが、明確に伝わってくる。なお、その後の遺棄場面に出てくる商品名については、模倣犯を防ぐために割愛する。

「小野さん、知ってます？　肉と脂肪を取って骨だけになると、ほんと軽いんですよ。そうして切り取った肉と脂肪は、××で包んで、××に入れ、最後は新聞紙でくるんで、燃えるゴミとして捨ててました。そうすると臭くなかったですね」

手首や足首などは、原形を留めたまま、ある商品で梱包してから、何重にも新聞紙でくるんで、そのまま捨てていたそうだ。

「だって、手首とか足首とかは大きいから、××に入らないんですよ。だからそうするしかなかったんです」

ただ、ここで疑問が生じていた。そのように遺体の一部を燃えるゴミとして捨てていたにもかかわらず、逮捕時の白石は、警察官に「これは××さんの遺体です――」との説明をしたと以前に聞いた。いったい彼の部屋には、なにが残されていたのだろうか。

「警察がやって来たときは、骨と、首から上があったんです。首から上は、バラすのがめちゃくちゃ大変なんですよ。調べたら、とくに顔の上半分がとにかく骨が硬いみたいなんです。だからやる前に諦めて、首ごと捨てるつもりでした」

そのときの状況を想像するだけで、警察官が踏み込んだ際の現場が、いかに修羅場だったかがわかる。

「すみません、あと残り五分です」

白石の背後にいる刑務官が残り時間を告げたことに、救われる思いがした。

事件についての話はそこで切り上げ、次回の面会日についての打ち合わせをした。彼がまず面会の予定が入っている日を挙げ、それ以外で私の都合のいい日を伝え、その場で決定するというのがこれまでのやり方だ。

「さっき、今日もいろんな会社が来たって、社名を挙げてたけど、会う会わないの基準ってなんかあるの?」

「いまは基本的に知らない人とは会わないようにしてますね。だからいきなり面会にやって来ても受けていません。いま会っているのは、わりと早い時期に面会に来て、信用できそうな人とかです」

その日、私は白石に『羽生善治の将棋を始めたい人のために』（成美堂出版）と『初心者のための大内延介の将棋必勝定跡』（日東書院本社）という本を差し入れていた。そのため次回はどんな本が良いか尋ねたところ、彼は少し考えてから言う。

「やっぱり将棋の本がいいんですけど、詰将棋じゃないほうがいいですね。なんか戦法について書いてあるやつをお願いします」

そこまで話したあとで、白石はそういえば、といった顔で、私が以前差し入れた拙著『連続殺人犯』についての話題を切り出してきた。

「小野さんの本、熟読しましたけど、よく被害者（遺族）のところとか、会いに行けますよねえ……」

それを君が言う?　声にならないツッコミを胸の奥にしまい込んだまま、その日の面会を終えたのだった。

第5回

7月31日

「自分のことを良く知ってるのは彼女だけです」

結婚を視野に入れた付き合いの相手

「小野さん、将棋関係の本、もういいです。なんか溜まってきちゃって……。今度はRPGの攻略本をお願いできますか。なんでもいいです。小野さんチョイスで」

七月三十一日の白石との面会五回目。これまで私に差し入れを依頼していた、将棋に関する戦術書はもういらないと彼は切り出した。この日も私は『康光流四間飛車破り』(日本将棋連盟)と『四間飛車で勝つための15の心得』(マイナビ出版)という、将棋の戦術書二冊を差し入れていた。そこでテレビゲーム門外漢の私は問う。

「俺、ゲームにまったく詳しくないんだけど。捕まる前って、どんなゲームしてた?」

「たしかに小野さん、ゲームとかやってなさそうですねえ。ははは。僕がやってたのは、ファイナルファンタジーとか真・女神転生、ペルソナとかです。でも、もうテキトーでいいんで。聞いたことのないタイトルのやつが嬉しいです。もう、読み物もたいてい読んじゃったんで……」

屈託なく笑う白石に対し、私は「わかった。探してみるよ」と頷く。今日は彼の〝女〟に関する話を聞きたいと思っていた。そこで、三回目の面会のときに、短期間ながら十五歳年上の女性のヒモだった話をしていたことを持ち出す。

「あのときヒモになりたいと思ってたのは、ちょうど××（携帯電話販売店）を辞めたときで、おカネが欲しかったし、エッチもしたかったからですよ。その女性とはネットで出会いました。たしか『神奈川掲示板』で検索して、あ、この子どうだろうと思って、クリックしてメールを送ったんです」

前は出会いのきっかけについて言い淀んでいたのに、その日はすんなり口にする。私はなにも言わずにメモを取り、別の質問を切り出した。

「ヒモ的な感じ以外で、女の子と付き合ったりしたことってあるの？」

「えっと、十八歳のときと二十歳、あと二十二歳のときに、まともに女性と付き合ってますね。十八歳のときの相手はすごく若い学生の子、二十歳のときは同い年の大学生、二十二歳のときは七歳上の無職の子です。この三人とも逆ナンパでしたね」

「逆ナンパって、女の子から声かけてきたの？」

「そうですね。仕事中とかに声をかけられて、嬉しくてやっちゃったんで。みんな、私にはもったいない、キレイな人たちでした」

白石は十八歳のときはスーパーマーケット、二十歳のときは携帯電話販売店、二十二歳のときはパチンコ店で働いていた。ちなみに、二十二歳での出会いは、先に話題に出たヒモになった相手と別れたあとだという。

「まあ、最初の子が一カ月くらい、次の子は三カ月くらいの付き合いだったんですけどね。でも、二十二歳のときの子は二年間付き合って、親にまで紹介されています。向こうの親と食事をしたし、結婚することも視野に入れてました」

「どうしてその子と別れちゃったの？」

「いやあ、浮気がバレてふられちゃったんですよ～」

心底残念そうな顔で言う。そこで私はすぐに返す。

「どうしてバレたの？」

「浮気した相手って、ネットで知り合った女性なんですよ。で、チャットアプリを使ってやり取りしてたんですけど、僕としてはバレないように、周到にアプリの削除とダウンロードを繰り返してたんですね。ところがある日、削除し忘れたときに通知が来て、見られちゃったんです。『うわ～、最悪』って感じでしたね」

諦めて白状すると、別れを切り出されたそうだ。

「向こうは実家に住んで、おばあちゃんの介護をしてたんですけど、これまで私が出会ったなかで、外見、性格、エッチ、その全部が良かったんで……」

「外見はどんな感じ？」

「中島美嘉に似てますね」

そう口にしてから、白石は独り言ともつかない口調で漏らす。

「人生の大きな分かれ目かもしれないですね。あれがなかったら、普通に結婚してサラリーマンをやってたかもしれないから。だって、そうしたらスカウトやんないでしょ……。まあでも、それでも浮気はしてたか。ははは……。ただ、その三番目の彼女の影響は大きいですよ。自分のことを良く知ってるのは彼女だけです。それ以外の、事件のあとで雑誌とかの取材に出てた女とかは口だけ。ただの売名行為ですよ」

白石の思うターニングポイントはスカウト業

「スカウトをやったことと、事件って関係あるの？」

「やっぱりスカウトが足を踏み外すきっかけになったと思いますね。それまで補導されたこととかないし、逮捕もない。犯罪とは無縁で生きてきましたから……」

スカウト時代に逮捕された過去があることは、すでに記した。白石はその際に執行猶予付判決を受けているが、まさかその経験が、彼のなかで一連の犯行にまで繋がっているとは、予想もしていなかった。

「スカウトの仕事って、なにをきっかけに始めることになったの？」

「SNSでスカウト会社の社長を名乗る男性から、『やってみない？』って言われたんですね。それで会いに行ったら、やりたくなっちゃったんです」

「へえ。なんていう会社の社長？」

「いや、それは勘弁してください。あの世界の人ってヤバいんですよ。恨みとか買いたくないんで……」

いまさらなにを心配する必要があるのかと思ったが、ここは彼の意思を尊重することにして、それ以上の追及はしなかった。

この出会いの当時、白石は神奈川県海老名市にあるパチンコ店で、社員として働いていたという。

「そのときって、パチ（ンコ店）の業務に納得いかなかったんですよ。そこって新台入替を社員でやってて、残業代は出ないし、休みの日もその日が入替なら、休み扱いで出勤させられてたんです。それがずっと疑問で……」

「スカウトはどんな仕事だったの？」

「女の子に声をかけて、風俗店を紹介するんです。あとは女の子とゴハン食べて、月二十万から三十万は軽いよって言われて……。パチンコはあんなに大変なのに、月二十万でしたから……」

もちろん現実の話として、スカウトの仕事もそんなに楽なはずはないだろうが、当時の白石にとっては、魅力的な仕事に思えただろうことは想像に難くない。

と、ここで刑務官から、あと五分であることが告げられた。

「なんか、三十分ってあっという間ですねぇ……」

白石がこぼす。その言葉で、彼が対話を楽しんでいることがわかる。次回の面会日を打ち合わせながら、私は尋ねた。

「変わらずマスコミの面会希望って多い？」

「そうですね。断ってるところを含めて、十社くらいは来てますよ」

「そうなんだ。たいてい断ってるんでしょ？」

「そうですね。知らない人はそうしてますから。ただ、週三回くらいしか会ってない（面会していない）んですよね。予定が入ってない日に限って、知らない人しか来なかったりとか、かみ合わないんです。ほんと、うまくいかないもんですねぇ……」

彼としては、効率よく知己と会い、差し入れもできるだけたくさん受け取る、というのが本意なのだろう。

「いつ緊急事態宣言が出てしまうかわからないしねえ」

「いや、ほんとそうですよ。緊急事態宣言だけは、出たらイヤっすねえ」

そう言って顔をしかめてみせる彼の初公判は、二カ月後だ。

第6回

8月3日

「〝獄中結婚相手募集〟って出してもらえないですかねえ」

対面記を読んだ白石の反応

「記事、先週金曜日に読みました。それで、こんなことなら言っとけば良かったたってことがあって……」

白石との面会六回目の八月三日、彼は週刊誌に掲載された、当時の連載原稿の第一回を初めて読んだことを口にした。私としては反応が気になるところだが、そこで彼が切り出したのは、予想もしない言葉だった。

「これ、持ち込み企画なんですけど、僕の〝獄中結婚相手募集〟って出してもらえないですかねえ。せっかくああいう記事が出るんなら、誰かいい人が見つけられたらと思って……」

聞けば、以前は手紙を送ってきたり、差し入れをしてきたりする女性が何人かいたそうだが、某女性週刊誌に記事が出て以来、ぱたりと止んだのだそうだ。彼は恨み言を漏らす。

「謝礼を払うっていうから、××（当該週刊誌名）の記者と面会したんですけど、そこに出た記事ですっかりイメージが悪くなっちゃったみたいなんですよね」

そこで私は聞く。

「獄中結婚を考えるっていうのは、（死刑の）確定後のことを考えて？」

「そうですね。死刑が確定すると、家族以外の誰にも会えなくなるじゃないですか。それなら、誰かと結婚してたほうがいいかなって……」

私自身が週刊誌で連載している白石との対面記の記事は、面会順に時系列で出すため、タイムラグが生じてしまうことを彼に伝えた。そのうえで、六回目の面会内容を記すこのタイミングでの掲載に至っている。

続いて私は、前回の話題で出た、彼のスカウト時代の生活について質問した。

「スカウトを始めるとき、それまでの座間市のアパートを引き払って、東池袋にある家賃八万円のマンションに引っ越しました。八階建ての六階で、八畳に風呂トイレ別の部屋です」

前のアパートの家賃が二万一千円だと聞いていた私は、「でも八万円って高くない？」

と尋ねる。

「サラリーマン時代の貯金もあったんで……。でも、結果オーライでしたね。女の子を部屋に連れ込むと、みんな『いい部屋』って言ってましたから」

「スカウトの仕事はどうやって覚えたの？」

「最初のスカウト会社で全部教わりました。上司に、まず女の子と知り合って、（風俗の）仕事をさせるまでのライン（ＬＩＮＥ）のやり取りを見せてもらって、マネをするんです」

そこにはいくつかのコツがあるそうだ。

「基本的には、相手の要望にはすべて応えるようにするんです。『（一日）五万円稼ぎたい』や『個室待機がいい』とか言ってくるんで、スカウト会社にある（風俗店の）リストと照らし合わせて、条件の合う店に紹介したり、女の子の顔とかスタイルがいいと、『こういう子なんでお願いできませんか』って、店との交渉もしてました」

とはいえ、最初のうちはうまくいかず、成果が出せないことから五カ月でクビになり、別のスカウト会社に転職している。そこは社内での事務仕事もあり、女の子をスカウトできなくても固定給が入ったという。

「自分で女の子を捕まえなくても、会社の仕事で基本給が二十万円で、あと自分で女の子を捕まえたときは歩合です。女の子の稼ぎの十五パーセントと、それから顧問料として、女の子が店に一日出勤したら五千円が支払われていました。ボロい商売ですよね。考えられないですよ」

だが白石は、そんなに仕事ができるほうではなかったとみずから語る。

「もう全然ダメでしたね。一番稼いで月に三十万円くらいですから。まず僕にやる気がなかった。女の子を口説くのがうまくなかったし、外見がイケてないし……」

「いやでも、そんなことはないんじゃない？」

「いやあ所詮、座間や横浜と、新宿のレベルの違いですよ。新宿はいかにもホストやってますみたいな見た目の、イケメンがいっぱいいて、あんなんに勝てないですよ」

そう謙遜するが、スカウトの仕事自体は気に入っていたようだ。

「基本給が出て、すごいイイ仕事だと思ってました。スカウトって、極端な話、ソファで寝転がって、女の子と連絡取ればいいんですから。楽して儲かる仕事ということですよ」

犯行当時、付き合っている女性がいた

「でも、（職業安定法違反容疑で）逮捕という代償を負ったでしょ？」

「あーーっ……」

そう唸った白石は、残念そうな顔をして続ける。

「あのときに捕まったのが大きかったですね。捕まってないと、犯罪とかせずにスカウトをやってたと思うし……」

逮捕されて裁判で執行猶予が付いたことで、その後の生活が変わったのだと語る。

「執行猶予中だからスカウトの仕事に戻れなくて、だけど、まともに働こうという気にまったくなれなくて、窃盗とか詐欺とかの悪いことをして稼ごうと思ったんですけど、やり方が思いつかなかったんですよね。それで、ヒモになるくらいしか思いつかなかったから、SNSで女性を探して、食わせてもらおうと考えて……」

そこで白石は思いもよらないことを口にした。

「外（世間）では、僕が被害者を〝自殺〟で募集したとあるけど、事実じゃないんですよね。具体的には〝死にたい〟や〝寂しい〟、〝疲れた〟で検索したんです。そういう精神的に弱ってる子だと口説けるって、安易な考えだったんです」

さらに彼は続ける。

「それで二人目の子と知り合って、貯金があるとわかって、殺しちゃったんです」

「ちょっと待って。じゃあ一人目の子って？」

この時点で、最初の被害者の前に殺害していない相手がいるとは想像もしていなかった。だが、彼と会っていながら殺されなかった女性が存在するらしい。

「SNSで知り合ったんですけど、当時三十二歳のマッサージ師の子です。この女性は八月頭から十月半ばまで付き合ってました。彼女は殺してないですね」

八月頭から十月半ばといえば、まさに白石が殺人に手を染め、七人目（起訴状の殺害日は九月三十日頃）か八人目（同十月十八日頃）の被害者に手をかけていた時期に被っている。

この〝新情報〟を聞いたところで、刑務官から「あと五分です」と告げられ、事件の話はそこで打ち切った。

私は面会前に、前回彼から頼まれたRPG攻略本を差し入れていた。ゲームに詳しくない私が選んだのは『モンスターストライク攻略アイテムBOOK2』（宝島社）と『龍が如く　完全攻略極ノ書』（エンターブレイン）、『北斗無双コンプリートガイド上』（光栄）の三冊。そのことを伝えると、白石は「ああーっ、ありがとうございます」とへりくだった感じで頭を下げる。

「次回の差し入れだけど、なんかゲームの攻略本のほかに欲しいものある？」

「ええっと、そうですねえ……」

しばらく考えた彼は、「あ、それなら……」と口にした。

「できれば、橋本環奈と深田恭子の写真集をお願いします。もう、めっちゃ顔が好みなんですよ」

「わかった。だけど写真集は高いから、一回につき一冊にして。まずはどっちがいい？」

「えぇーっ、そうですねえ。なら最初はハシカン（橋本環奈）にしてください。そっちがまず見たいから」

「了解。橋本環奈ね。じゃあそっちを」

「ありがとうございまーーーす」

ここでもまた彼は、時代劇のなかで殿に対して「ははーっ」とへりくだるような勢いで頭を下げたのだった。

第7回
8月12日

「マトモな生活をするための強盗殺人でしたね」

不仲な父との二人暮らし

白石の犯行を模倣した事件が発生したことが報じられた――。

八月五日、神奈川県横浜市で女子高生を一カ月にわたって自宅に監禁したとして、会社経営者の男（44）が逮捕されたのだ。悩みを抱えた女性を狙った犯人は、「座間の事件に影響を受けた」と供述しているという。

八月十二日の七回目の面会。この日は立川拘置所での面会希望者が珍しく混み合っているようで、十三時過ぎに到着したが、白石と面会できたのは十四時五分頃だった。

私は面会室に姿を現した彼にまず、「聞いてると思うけど、模倣犯が出たねぇ」と言った。

「え？　そうなんですか？　ラジオで聞いてなかったんで、知らないです」

そこで私は事件の概要を説明する。

「へーっ、すごいですね。よく一カ月も……」

感想はそれだけだ。白石はすぐに別の話を切り出す。

「あの、ゲームをやってない小野さんにお願いしたのは、間違ってました……」

前回、彼に頼まれて差し入れた、ＲＰＧに関する本の話だった。どうやら私が差し入れた本は、まったく好みではなかったらしい。

「もう次からゲームの本はいいんで、今度は画集をお願いしたいんですけど……。風景画とか、歴史的なものでもいいです。もう、国内外を問いません。ちゃんと絵の勉強をしようと思って……」

「わかった。あ、今日は橋本環奈の写真集と、あと前に買ったけど入れてなかった、将棋の戦術書を入れといたから」

「ああーっ、ありがとうございます」

白石は深々と頭を下げる。その日、私が差し入れたのは、橋本環奈ファースト写真集『Little Star ～ KANNA15 ～』（ワニブックス）と『渡辺明の居飛車対振り飛車Ｉ』（ＮＨＫ出版）だった。私は言う。

「次回は深キョン（深田恭子）の写真集を入れるからね」

「いやあ、楽しみだなあ。深キョンっていくつくらいですかねえ？　あれはスゴイ、あれはかわいいなあ……」

白石はいかにも楽しみといった声を上げた。

「うーん、三十代半ばくらいかなあ……（＊実際は三十七歳＝取材時）」

私は適当に答えると、話題を事件のことに切り替えた。

まずは前回の面会で終了直前に話が出た、最初の殺人の前に知り合い、交際していながら殺害しなかったという、三十二歳の女性について。

「その人は、仮釈放で実家に戻ったあとに、ＳＮＳで知り合ったんです。仮釈放のときは父が身元引受人で、怒られたけど、しょうがないなって感じで、実家にいました」

「たしか、両親が離婚していて、お母さんが妹を連れて家を出たことは、その頃に知ったんだよね。家でお父さんに離婚の理由とかは聞かなかったの？」

私は少し話を脱線させ、彼の家族の話を持ち出した。

「なぜ母が（家を）出たかって話はしなかったですね。僕も聞かなかったですし……」

「妹さんとはどんな関係だったの？」

「妹とは小学校くらいまでは普通に話してましたよ。でも、思春期で話さなくなって、それっきりですね」

白石があまり詳細を話したがっていないように感じた私は、その話を掘り下げることなく、ふたたび三十二歳の女性について話題を戻した。

「三十二歳の女性とはどんなお付き合いをしたの？」

「その女性のオゴリでご飯を食べたり、あと、ホテルに行ったりとか、普通に付き合ってましたね……」

一人目の被害者との多忙な二股交際

そんななさなか、白石は一人目の被害者となるAさん（当時21）と、SNSで知り合ったのだそうだ。彼は語る。

「その途中で、一人目に殺した女の子と会ったんです。Aさんは、たまたまいろいろ好都合な条件が被ったんです。僕はそのとき収入はゼロだし、とにかく現金が欲しかったんですね。で、彼女は貯金があると話してて、かつ、口説けそうだったんで……」

白石によれば、交際相手である三十二歳女性（Xさんとする）との、今後を考えていたタイミングでAさんと出会ったという。

「これからどうしようかなと思っていたときにAさんと会い、彼女を口説いて、『じゃあ一緒に住もうよ』と言ったら、『いいよ』と答えて、それでふたりで不動産屋に行ったんです。そこで僕が部屋を借りようとしたら、収入がなければダメだと断られて……」

ただし、その不動産業者の担当者から、預金口座に一定の残高があれば、仲介は可能だと言われたのだと話す。

「日雇いのアルバイトをしてると話してたAさんに『一旦、おカネを入れてくれない』って頼んだら、『いいよ』って。それで彼女は五十万円（＊実際は五十一万円）を振り込んでくれたんです」

白石とAさんは物件を見て歩き、後に犯行現場となるアパートを決めている。

「嬉しい話で、Aさんが僕に惚れてくれたんですよ。一緒に居たいとベタベタしてたんです。それで僕も、一緒に住んだら彼女には借りた部屋に居てもらい、自分が養うと話してました。もちろん部屋を借りさせるための口実で、その気はありませんでしたけど……」

白石は淡々と語る。「正直、自分にとっては都合のいい相手でした」と口にする反面、「でも、すごくいい子でした」と振り返る。

「それで、無事に部屋を借りられたんですけど、彼女が、ほかに誰かと付き合ってることがわかったんです。定期的に誰かと電話で話してるみたいだったし、尋ねても『彼氏がいない』とは明言しないし……。それで、この子が入れ込んでるいまのうちはいいけど、気持ちが離れたら、『出てって』、『おカネ返して』、になると思いました」

そこで白石は目を瞑り、独り言のように切り出す。

「いま思えば、当時の生活にはよっぽど不満があって、それを打開したかったんでしょうね。父への借金があったし、家で父から『就職しろ』って言われてて、居場所がなかったんで。一刻も早く家を出たかったんです。その借金がなかったら、全然違うと思いますね。あと、スカウトをやってなかったらとか……。まあ、イフ（もしも）の話をしてもキリがないですけど……」

伸び放題の髪の毛で瞑目して体を揺らす彼の姿に、顔も体型もまったく違うが、一瞬、麻原彰晃が重なる。

「だから、父への借金を返したり、父から自立して、マトモな生活をするための強盗殺人でしたね。警察にもそう話してます」

「調べでそう言ったんだ」

「警察は強盗強姦殺人で押印したら、次の日から全然態度が違いました。それまで笑みはなかったのに、急に『暑くない？』とか『お茶飲まない？』とか……」

「検察は？」

「検察は最初から優しかったです」

話題が少し逸れたため、私は、「それにしても、XさんとAさんと同時進行で付き合うのって、大変じゃなかった？」と尋ねた。

「正直、忙しかったです。朝までラブホで、次の子と待ち合わせたり。両方とも、おカネになりそうだったから。ただ一人目（Xさん）はラッキーなことに、相手の貯金を知らなかったから（殺さなかった）。もし、五十万なり百万なり持ってると知ったら、殺してたかもしれないです」

平然と物騒なことを言う。だが、彼なら現実にそうしたことだろう。そこで面会時間があと五分であることを告げられる。

事件の話を切り上げ、拘置所支給の半袖、半ズボンの服を着ていることの多い彼が、今日は同じペパーミントグリーン色の長ズボンであることに触れた。

「いや、部屋が寒いんすよ」

「あ、そうか。冷房が効きすぎてるんだ」

「そうですね。もうガンガンに入ってるんで」

そんな会話のあと、次回の面会日についての打ち合わせを済ませ、面会を終了する間際になって、彼は以下の言葉を残している。

「そういえば今日、女の記者が来てました。（彼女と会うかどうか）悩みましたよ。二十三歳ですよ！　まあでも、小野さんは優先しますから。橋本環奈が来ない限りは、優先しますよ」

面会は一日一組限りだ。私が立っているのは、薄氷の上なのかもしれない。

第8回
8月19日

「リスクはあるけどレイプしたいなと思って、レイプして殺しちゃいましたね」

週刊誌の取材手法に憤る

「いやーっ、やっぱハシカン、可愛いですねえ。もう一冊もよろしくお願いしますね」

八月十九日の八回目の面会。白石は前回差し入れた橋本環奈の写真集についての感想を口にした。

そこで私は、今日は面会前に深田恭子の最新写真集『Brand new me』（集英社）と画集『水墨画　馬を描く』（日貿出版社）を差し入れたことを伝える。

「おおっ、ありがとうございます。深キョン、楽しみですねえ」

白石はにんまりと、嬉しそうな笑みを浮かべた。そんな彼に問いかける。

「最近は、面会にいろいろ来てる？」

「そうですねえ、月曜に一般の知らない女の人が来たんですけど断って、あと今日は男性の記者が来てましたけど、小野さんの日だったんで……」

面会の話になったところで、ふと気になったことを尋ねることにした。

「そういえば、（取材相手から徴収している）おカネってけっこう貯まった？」

「うーん、おカネはしばらく生活に困らないくらいはありますねぇ……」

やや引いた口ぶりから、具体的な金額まで尋ねることは控えた。すると今度は白石から切り出してくる。

「小野さん、これまで会った人のなかで、死刑判決を受けて、控訴しなかった人っていますか？」

「いや、いまのところいないねぇ。それに、被告本人が控訴しないって意思を持っていても、弁護人が控訴しちゃうことがほとんどだから。そのあとで、本人が控訴を取り下げるって感じだよねぇ」

「なんか、控訴する意味はねぇなあって思ってて……。（相模原障害者施設殺傷事件の）植松さんみたいにするかなあ、と思って……」

植松聖（さとし）死刑囚も一審での死刑判決後、弁護人が控訴したが、本人が控訴期限内に控訴取り消しの手続きを行い、死刑が確定している。

「いやもう、今後、大口の話とかってなさそうじゃないですか。それなら早いほうがいいなって……」

ここで白石の言う「大口の話」とは、現金の差し入れと引き換えにやる面会のこと。私が、「でも、死刑が確定して家族と弁護士以外に会えなくなると、その可能性も失われるよ」と告げると、「たしかに、そうですよねえ……」と言い、憮然とした表情で口を開く。

「××と××が一般の人間を仕込んできたんですよ……」

挙げたのは週刊誌二誌の名前だった。意味のわからない私に向かって彼は続ける。

「知り合いの女の子を連れてきたんですね。別々の女の子。それで手紙をくれだとか言われて、ああ、これは記事のための仕込みだとわかって断ったんです」

つまり週刊誌二誌が、白石の知人女性二人に対して、それぞれ面会に行くように促し、彼の肉声を取ろうとしたということだ。

「(その女性たちから)手紙が来たら、どうしようかなあ？　そのときは小野さんに連絡取ってもらおうかな、ははは……」

そう言って声を上げて笑い、この話題は終わった。

初めての殺人についての述懐

　そこで私は、前回話した、一人目の被害者Aさんについて口にし、「殺害はいつ考えたの?」と質問する。

「それは、相手の貯金がわかって、相手に彼氏がいるとわかって、(不動産業者への見せ金としての)おカネが振り込まれて……。これらの条件が揃ったときに考えましたね」

「彼氏は本当にいたの?」

「確信はないですけど、私の勘です。それで、八月十八日くらいからネットで検索したんです」

　私が「どういうことを?」と検索内容を尋ねると、白石は目を瞑った。彼は、自分の犯行について振り返るときは、目を瞑って話す癖がある。

「殺す方法、死体解体、遺棄の方法、証拠隠滅の方法とか……。これは残酷な話なんですけど、その女の子を借りた部屋に呼ぶ前に、ノコギリとかを買ってました。最初から殺(や)るつもりで……」

「事件が発覚するかもしれないとかって、躊躇(ちゅうちょ)はなかったの?」

「ネットで何回も何回も調べて、発覚しない方法を自分なりに見つけたんです。具体的には、相手は高校生以上(*本人発言ママ。真意は高校卒業年齢以上)にすること。女性限定ですけど、高校生以上（同前）だと、警察が真面目に捜査しないんですよ。女性って、それこそいなくなって一週間後に、彼氏の家とか、風俗店であっさり見つかったりすることが多いから、真面目に捜索しないんですよ」

誤解を防ぐためにあえて注釈を加えるが、この話はあくまでも白石の私見であり、現実の警察の動きであるとは限らない。また、以下の話も同様である。

「それから本人を口説いて、これって小野さんの本で読んだ（北九州監禁連続殺人事件の）松永（太）に近いと思ったんですけど、家族や職場との繋がりを切らせて、関係者は自分だけにしたんです。職場を自分で辞めさせ、家族には身元を捜さないでくださいとの手紙を書かせ、それを家に残させました。こうやると捜査をしないと、ネットに書いてたんです」

「でも、そういうことって、（被害者の）みんな素直にやった？」

「一人目はできましたね。二人目は地方から出てきたんで、（家に帰らせるのは）無理じゃないですか。だから、リスクはあるけどレイプしたいなと思って、レイプして殺しちゃいましたね。結局、ちゃんと対策をしたのは一人目だけですね」

それから白石は一旦開いた目をまた瞑り、初めての殺人について語り始めた。

「最初に部屋に来た日に殺しました。お酒を飲んで、『いい部屋だね』とか喋ったりして。キッチン前で……。それから席を立って、玄関に行って、鍵を閉めて、チェーンロックをして、部屋に戻って、いきなり襲いかかりました。いきなりするのを、やってみたかったんです……」

抵抗する女性を押し倒し、首を絞めて失神させてから、レイプしたという。

「殺すのは調べたら、ものすごく大変なんですよ。相手は意識がないでしょ。そこで手足を用意してた結束バンドで縛って、ロフトに縄をかけて絞まるように首吊り結びで輪を作り、そこに首を入れて、足はついている状態だけど首が絞まって、死んだんです……」

「それで、死ぬんだ……」

「首を輪にかけて手を放すとプランとなるでしょ。そのときに（尿を）漏らして、それからブルブル、ブルブルと痙攣（けいれん）したんです。三十分放置したら、体温がなかったですね」

白石は淡々とした口調でそこまで話す。

「どんな気持ちだった？」

「正直、運動をしていないのに、ものすごくドキドキしました……」

当初は殺人に性的な興奮を覚えることはなかったと、みずから明かす。

「性行為での興奮はありましたけど、死体にはなかったですね。ただ、何人も殺して後半になると、それが生まれて、写真を撮ったりもしました」

ここで、残り時間は五分だと告げられた。いつもならば事件の話はその段階で打ち切るが、白石はまだ話したいことがあるのか、言葉を続ける。

「一人殺しただけだったら、まだ先があるというか、お坊さんになって供養したり、そのあとに反省を繰り返したりできると思うんです。でも、九人もやったから、もう無理じゃないですか」

そう口にすると、彼は手先で自分の首を切るポーズをしてみせる。

「だから、もういいや、どうだって、って……。家族とかがやって来て、なんとか生き抜いてほしいみたいなことを言われることもないし、あと、面会に来るのも仕込みだったりして信用できないし、弁護士も口だけだし、ほんと、どうでもいいやって気になってるんですよね……」

控訴をしたくないといった話は、こうした自棄（やけ）になっている気持ちが言わせたのだと理解した。私は「俺も事件の話だけじゃなく、あなたの内面の話が聞きたいと思ってるから、また思うことがあったら聞かせて」と言い、彼は無言で頷いた。

第9回

8月26日

「臭いとか、九人が九人とも、全部違うんですよ」

殺害実行まで悩んだのは五日間

「いやあ、深キョンはマジ凄いですね。顔とかは橋本環奈もいいんですけど、カラダはもう、全然深キョンのほうが良かった」

八月二十六日の九回目の面会。白石は前回差し入れた、深田恭子の最新写真集についての感想から話を始めた。その流れで、次回以降の差し入れに、彼女のほかの写真集を加えることが決まる。

ちなみにこの日、私が差し入れたのは古書店で求めた美術展覧会の図録だ。『カンヴァスに描かれた女性たち』という、ポーランド・ワルシャワのヨハネ・パウロII世美術館所蔵の人物画が収録されている冊子。まあ、美人画が多いので喜ばれるだろうとの目論見で選んだものである。

「じゃあ、今日もそろそろ事件の話題をさせてもらうね」

「はい、どうぞ」

そのようにして切り替えた次の話題は、最初の殺人について。私はまず殺害の時間帯を尋ねる。

「殺害は夜です。昼にいろいろやらせたんですね。家族に手紙を書かせたりとか……。捜さないでくださいっていう内容のもの。自分が望んで失踪するので、捜さないでくださいっていう書式がネット上にあって、それをそのまま当日の昼までに書かせました」

白石によれば、犯行が発覚しない方法は、すべてネットで調べたとのこと。

「これも昼にやらせたんですけど、総仕上げに携帯を捨てさせました。足取りが消えるように。江の島の海に捨てろと言って、当日の昼、彼女がひとりで捨てに行ってます。ただ、逮捕されてからわかったんですけど、彼女は携帯を捨てず、片瀬江ノ島駅のトイレ（＊実際は別の場所の公衆トイレ）に隠してました」

被害者のAさんは携帯電話を捨てずに、あとで回収しようと考えていたのだろう。その携帯電話は第三者によって発見されている。

「それから、うちに来る前に、職場を自分から辞めさせてます。聞いた話では、派遣で日雇いの作業をやっているということだったので、そこにもう辞めると伝えさせました」

前回も話していたのだが、犯行前に家族や職場との繋がりを切らせることが必須だと、白石は考えていた。

「それで、彼女が戻ってくるのを部屋で待つ間、僕は（遺体）解体の方法を、改めて調べてましたね」

「でも、いざ実行する段階になると、殺害や解体っていうことに躊躇はなかった？」

私が質問を挟むと、彼は事件を振り返る際の癖で、目を瞑って言う。

「めちゃくちゃ悩みました。初めてだし、思いついて実行まで五日間くらい考えました。いやあ、すげえ迷いましたね。どうしよう、って……。でも、おカネ欲しいし、実家（住まい）で、借金まみれで、父に仕事探せ、借金返せ、早く自立しろ、と言われてて、それがすごく嫌だったんですね。だけど、マトモに働く気がなくて……。彼女はヒモになれそう（な相手）だったんだけど、いいツボが重なったんで……」

「ツボ？」

「（部屋を借りる）頭金を払ってくれたし、（不動産業者への）見せ金を貸してくれたでしょ。この状況をどうしても手放したくないと思ったんですよね……」

これもすでに記したことだが、Aさんに彼氏がいると感じていた白石は、彼女の翻意を恐れていた。いずれ貸したカネを返せと言われるくらいなら、と殺害を決めたのである。

遺体解体時の強烈な心理的抵抗

室内で〝計画通り〟に、Aさんを殺害した白石は、すぐに次の行動に出ている。

「まず死亡を確認するため体に触ると、冷たくなっていて、心臓が止まっていました。そこで、首についているロープを切って、解体のために浴室まで引きずって行ったんです。（殺害して）放っておくとマズイと思ってました。調べてたなかに、死体はすぐに腐り始めるとあったので……」

「Aさんは裸の状態だったの？」

「いや、ぶら下げたとき（殺害時）に服を着せてます。下着も。ズボンを穿いてました」

心理的な抵抗はあったが、すぐに事前に用意していた刃物を使い、解体に取りかかったという。

「まずは血抜きのために首を落とすんですけど、うつぶせの姿勢で、浴槽の縁にみぞおち部分を載せ、体は外でみぞおちから上が浴槽内という状態でした。もちろん、抵抗はありました。とくに一人目に関しては。包丁を相手の首のうなじの部分につけて、引いたときに……コーラを振って開けるとモワモワと出てくるじゃないですか、そんな感じで血が出てきたんですよ。蛇口を上に向けて水を出したように。その瞬間に、頭痛がしました。でも、殺したからには、やらなきゃならないと決めてましたから。ただ、ウワッとなって……。映像(ママ)とか臭いがすごいんですよ。それでも、やらないと捕まると思って……」

　それから白石は解体の手順をひとつひとつ、落ち着いた口調で説明する。

「首を落として、血を抜いて、そのあと肩を落として、手首、肘をバラして、もう片方の肩を落として、手首、肘とバラして……。足に取りかかる前に、精神的な限界を感じて、寝ちゃいました」

「……眠れたの？」

「寝れました。倒れるように寝てました。それで朝に起きて、腐臭を少しでも防ぐために、早くしないと、と思って浴室に行って、『うわーーーっ』となったんですけど……」

　この驚愕の気持ちを口にするとき、白石は肩を落とし、大きく息を吐いた。

「前の日、浴槽に水を張って、大量の入浴剤を入れて、そこに全部浮かべてたんですね。でも、昨日よりも臭いがひどくなった気がして……。だけどこのままやらないと、もっとひどくなると思って……」

続いて実行した手順をふたたび説明する。

「胴体を浴槽から出して、足首、膝、太ももの付け根の順で切っていきました。今日中にやらないと、と思って、取りかかりました」

そう話す白石は両腕を胸の前で組み、目を瞑っている。

「で、大きい部分をバラして、関節ごとのバラしが終わったら、皮を切ったり、骨から肉を外す作業をやったんです」

正直、耳にしていて嫌悪感を覚える内容だ。だが私は聞く。

「やっぱり、忘れられない状況だった？」

「いやあ、よく憶えてますね。いま思えば、臭いとか、（殺害、解体した）九人が九人とも、全部違うんですよ。最初のとき、すごい臭いがすると思ってましたけど、他の人をバラしてみて、あれは全然臭くなかったんだって気付きました」

そこで刑務官から、面会の残り時間が五分だと知らされた。

「じゃあ、今日は事件の話はここまでで……」

そう制して、次回の面会日を打ち合わせている私に、白石は切り出す。

「あ、小野さん、次回の差し入れ、やっぱり深キョンじゃなくて、前回のとは違う橋本環奈のやつ（写真集）でもいいですか？　深キョンはその次ってことで……」

　私は頷き、それを粛々とメモに書き留める。

　おぞましい解体の内容を振り返った直後に、こうした己の欲求をすぐに口にできる。そこにこそ彼の本質が表れているのではないか。胸の内にはそう書き残した。

第10回

9月2日

「(死刑について)正直、痛いのはイヤだなって感じです」

二人目以降には「なにも思ってない」

「小野さん、もう画集はいいです。それよりもハムスターかインコの写真集ってお願いできませんか?」

九月二日の白石との十回目の面会。彼は会うなりそう切り出した。そこで私は問い返す。

「インコって、大きいのから小さいのまでいると思うんだけど、どういうタイプのがいってある?」

「小さめのほうがいいですね。セキセイインコとか……。あと、次回の謝礼から差し引くかたちで構わないんですけど、日用品を買って入れてもらえませんか? これからメモいいですか?」

ここで白石の言う日用品とは、拘置所内の売店で面会者が購入し、勾留されている被告人が手にすることのできる物品のことだ。私はペンを手に頷く。

「えっと、まずエンピツの赤、青、黒を各一本。それからノートのB5サイズ一冊、歯ブラシの柔らかめのやつ一本、綿棒を一個、つまようじを一個、あと、防寒長袖U首っていうのがあるんで、それの3Lサイズ一つと、同じく防寒長ズボンの3Lサイズを一つ。以上です」

「これって、今日の帰りに入れたほうがいい？」

「そうですね。できればそうしてください」

「了解。じゃあ今日やっとくよ」

「いやーっ、ありがとうございます」

白石は両手を合わせて拝むように頭を下げた。これは彼が感謝の際によく見せるポーズだ。

この日は九月三十日に始まる初公判を前に、総合的な話を聞いておくつもりだった。そこでまず、裁判に臨む心境を尋ねる。

「まあ、ついに来たか、という感じですね。一年くらい前に週刊誌の取材を受けて、裁判を簡潔に済ませたいという意向があると話したんですけど、そのときに弁護士は（初公判は）昨年末か今年の頭って言ってたんです。だから、やっとかって感じですね」

「死刑判決についての不安は？」

「いろいろ本を読んで、（死刑の）執行内容を知ったんですね。まあ、痛そうなんですよ。正直、痛いのはイヤだなって感じです。ただ、裁判で争いたくないし、かといって、絞首刑痛そうだしってのがあるわけで……」

「九人を殺害したっていうのは、やっぱりカネ目的ということ？」

「まあ、おカネと性欲と、あと、三人目の男性については証拠隠滅のためですよね。前にも話しましたけど、一人目はおカネを借りて、返せない、返したくない。それ以降はただ単に現金を奪うためですよ」

さらに白石は〝持論〟を展開する。

「自分のなかにフローチャートがあって、出会ってまず、おカネがありそうかどうか判断するんですね。おカネになりそうだったら、付き合っておカネを引っ張って、おカネにならなそうなフローチャートの人はレイプする。ほんと、殺人の理由はおカネと性欲ですよ。まあ、三人目の男性以外はそうです」

白石は被害者九人を殺害した理由について、そう振り返った。そこで私は聞く。

「亡くなった方への気持ちはどうなの？」

「本音を言うと、なにも思ってないんですよ」

白石は即答する。そしてちょっと間を空けて言いかえた。

「他の事件とかを見ても、（被害者や遺族に）謝る人はいますけど、僕の場合は遺族に対してはなにも思わないですね。まあ、被害者に対しては、少しは思うことがあるんですけど……」

それは連続殺人の現場となったアパートの部屋を借りる費用を肩代わりし、最初に殺したAさんに対してだという。

「初めての殺人でしたけど、一緒に過ごしたのが長かったので、情が移ったというか、かわいそうなことをしたかな、という思いはありますね。ただ、二人目以降については、正直、なにも思ってないです」

そこまで話を聞いたところで、私は六回目と七回目の面会で話に出た、彼が付き合いながら殺害していない、三十二歳のマッサージ師の女性・Xさんのことを頭に浮かべた。SNSで知り合ったという彼女とは、二〇一七年の八月上旬から、逮捕直前の十月中旬まで付き合っていたと聞いている。私は、なぜ殺さない女性がいたのか尋ねた。

「おカネになりそうだったからですね。その女性のオゴリでご飯を食べたり、ホテルに行ったりしてましたから。部屋に入れて殺してないのは、彼女を含めて三人います。一人目は二カ月付き合ったその女性（Xさん）。二人目は部屋に十日間泊めて、飯をオゴってもらったり、生活費を出してもらったりした女性（Yさん）。三人目は口説いたけど、私に魅力がなくて、口説く力が足りなくて、そのまま帰ってもらった女性（Zさん）です」

「三人目の人のときは、なんでダメだったんだろう」

「総合力じゃないですか？　足りないのは。部屋とかも大したことないし……」

この三人目の女性については、白石がレイプをして殺してしまうこともあり得たのではないかと思ったが、そのときはすんなり帰してしまったのだという。

ただ、一人ではなく三人の〝生還〟した女性がいたというのは、初めて聞くことだった。この件については、次回もう少し詳しく聞こうと心に決める。そして話題を変えた。

「ターゲットを見つけるために、ツイッターを使ったのはどうしてだったの？」

「スカウト時代にツイッターを使ってスカウトをやってて、その結果が良かったんですね。だからです。実際、それでうまくいったし」

裁判に臨む心境

「さっき、裁判で争いたくないって言ってたけど、それは本心？」

「争うつもりはないですね。証拠と調書がガチガチに固まってるじゃないですか。いまの状況を冷静に判断すると、争っても変わんねえんだろうなって。それなら、潔くやろうかな、と……」

そこまでを口にしたところで、白石は身を乗り出してきた。

「もうね、弁護士がほんとにひどいんですよ。前に弁護士を変えたときも同じ理由なんですけど、こっちが『争わずに進めていただけますか？』と聞いて、向こうが『わかりました』というから任命したんですよ。で、時間が経ったら、手のひらを返したように、『白石さん、争わせていただきます』って……。で、解任請求をしたんですけどダメで、差し入れだけをしてもらってるけど、信用はしてないですね。本当に卑怯だと思いますよ」

弁護人としては、依頼者の利益を考えてそのような選択をしたのだと思うが、白石にしてみれば、自分の意に沿わないということが、とにかく気に入らないようだ。しかし、そこまで言う相手からの差し入れについては受け入れるというのが、いかにも彼らしい。

「そういえば、いまでもテレビでよく流れるんだけど、送検のときに顔を両手で覆って隠してたじゃない。あれはどうして？」

「外に出る前に刑事から、『外にめっちゃ記者いるよ』と教えられたんですね。それでどうしようかな、と。他の事件を頭に浮かべて、表情を撮られたらイヤだなって思ったんです。それで顔を隠したんですよ」

どこかの週刊誌で、白石が顔を隠した理由について、「カネをもらわずに顔を出すのがイヤだった」との内容で、面会時に本人が語っていたという記事があった。そのことを思い出した私が指摘すると、彼は、ああ、あれね、という顔をした。

「あれは、逮捕からけっこう時間が経ったときに会った記者から、『あのとき（送検時）、カネを払ったら（顔を見せても）よかったの？』と聞かれ、『あ、いいですよ』って答えたんですね。それであんなふうに書かれたんです」

そろそろ残り五分になることから、まとめとなる言葉として、最近の心境を聞く。

「いまは裁判と、すごい現実的な話ですけど、どの本を捨てようかなって……。整理をしながら。裁判については、日程を見ながら、うーん、どうしようかって……」

この日、私が彼に差し入れたのは橋本環奈の写真集『NATUREL』（講談社）だ。この本が入ることで、代わりにどの本が捨てられるのだろうか……。私は続いて聞く。

「日常に変化は？」

「筋トレはやってますけど、将棋は完全に飽きてきましたね。やっぱ、相手がいないとね」

「それもそうだ。あと最後に、世間に伝えたいことってある？」

「うーん、そうだなあ。起訴事実について、私本人は、一切争うつもりはありませんってことですね。被害者側はみんな弁護士をつけて、争う気マンマンなので、それを伝えたいですね」

次回の面会日を取り決め、引きあげようと立ち上がる直前、私はふいに尋ねた。

「そういえば最近は漫画は？　前にストーリーものを描いてるって言ってたよねえ」

「ああ、いまは諦めて、日本の漫画の模写に戻りました」

「模写ってなにを？」

「『NARUTO—ナルト—』（岸本斉史著）とかですよ。では」

そう言い残し、一礼すると肩の下まで伸びた髪をなびかせて、面会室をあとにしたのだった。

第11回
9月9日

「最後のほうになると、二時間くらいでできるようになってました」

女性が外出している間に別の女性を殺害・解体

九月九日の十一回目の面会。私はその前に立川拘置所の窓口で、前回白石に頼まれたハムスターとインコの本を差し入れた。タイトルは『ビバ！ハムスター』（Ohtoh mook）と『元祖ハムケツ』（有峰書店新社）、『動物図鑑　ウォンバット　鳥』（講談社）の三冊だ。

「ありがとうございます。あの、小野さん、なんかおすすめの漫画とかってあります？次回はそういうのがあったら入れて欲しいんですけど」

面会室で顔を合わせた白石は、私が三冊の本を差し入れたことを口にすると、今度は漫画が欲しいと切り出した。

「えーっ、でも漫画って完全に個人の趣味が出てくると思うんだけど。たとえばこれまでにどんな漫画が好きだったの？」

「そうですねえ、『NARUTO―ナルト―』とか『寄生獣』（岩明均著）、あと『GANTZ』（奥浩哉著）なんかを読んでましたね」

「うーん、正直言って自信ないなあ。漫画はやめたほうがいいかも。次回差し入れるのは、前に話してた深田恭子の別の写真集と、インコやハムスターの写真集にしとくよ」

続いて事件の話に切り替える。私は彼の部屋にやって来て殺されなかった二番目の女性・Yさんについて尋ねた。

「十日家に泊めた人（Yさん）は、関西からやって来た、二十二歳くらいのキャバ嬢でしたね」

「時期はいつ？」

「九月上旬から中旬くらいです。ツイッターで知り合って、わざわざこっちに来たんですよ。自殺志願者でした。なんか彼氏が逮捕されたみたいで、（精神的に）不安定になってて、ツイッターに『死にたい』と投稿してたのを僕が拾ったんです。どっちかがフォローして、繋がりましたね」

やり取りを重ねた末、座間市のアパートまでやって来たのだという。

「最初の日、僕のアパートに泊まったんですけど、相手は水商売だから、これはカネになると思って、必死に口説いたんです。で、なんとかなったんで……」

ただし、Yさんとは男女の関係にはならなかったと語る。

「僕もスカウト時代に相手の反応で、ヤレる、ヤレないはわかってたんで、カラダは求めなかったですね。継続的にカネを引っ張れると思ったから殺さなかったんです」

白石曰く、彼女は「普通に過ごして、普通に帰った」のだそうだ。私は質問する。

「カネを引っ張れるっていうのは、具体的にはどういうふうに？」

「食費とかですね。私にとっては派手な生活をしたんです。サイゼリアとかピザのデリバリー、カツ丼とか、全部出してくれましたから。それで、彼女は親に無断で出てきてたから、『お母さんが心配してるから帰る』って言って、帰ったんです」

Yさんがいた期間、すでに部屋には何人かの遺体があったはずだ。そのことに触れると、白石は予期せぬ言葉を口にした。

「すでに遺体が三つあって、信じられないかもしれないですけど、その女の子（Yさん）がいる最中に、四人目を殺してるんです。『友達呼ぶから、ちょっと出てて、ごめんねー』って。その子が出てる間にパッパと済ませて……」

白石が言うには、数時間で殺害も解体も済ませたのだと……。私は唖然（あぜん）としながらも、なんとか質問する。

「そんな短時間にできるもんなの？」

「いや、その子は七時間くらい出てましたから。だんだん慣れたというか、最後のほうになると、二時間くらいでできるようになってました」

さらに白石は想像もしなかったことを口にする。

「その子はやっぱり部屋のケース（クーラーボックス）に興味を持ってました。だから正直に説明したんです。『自殺を手伝ってるんだよ』って。殺してバラしてることを言ったんです。向こうは『えっ！』って感じでしたね。『大丈夫なの？　警察来ないの？』って聞かれましたけど、『大丈夫だよ』で終わり。ただ、内心は不安だったみたいですね。（逮捕後に）調書を見ると、一人目（Xさん）と二人目（Yさん）は部屋をあさってたみたいですから」

「クーラーボックスのなかを見たってこと？」

「そうみたいですね。それで不安になって、出ていったのかもしれないですね」

続けて白石は、三人目の女性・Zさんの話を始めた。

「三人目は九月中旬。二人目の子が実家に帰った直後です。彼女は女子高生でした。親が金持ちらしくて、たしかにそういう雰囲気があって、顔も人形のように整ってました」

そんなZさんとも、やはりツイッターで知り合ったという。

「夜にうちに来て、頑張って口説いたんですけどダメで、翌日帰っちゃいました」

「どうしてダメだったんだろう？」

「まあ、単純に僕の魅力が足りなかったんですよ」

「その子には、クーラーボックスのことは聞かれなかった？」

「聞かれましたね。だから彼女にも正直に話してます。ただ、口説けなかったでしょ。二番目の子は口説いたあとでその話をしたから、大丈夫だと思ったんですけど、そのときは正直焦って、彼女が帰ったあとでラインをして、『さっきのは全部嘘だから。忘れてね』ってメッセージを送りました」

「なんで口説き落とす前に、クーラーボックスの話をしちゃったの？」

「自分の口説きにある程度、自信を持ってたんですよ。だから、口説けば大丈夫だと思ってたんです。そのことは警察にも話してます」

幕切れは突然だった

ここで刑務官から、残り時間が五分であると知らされた。私は取材を打ち切り、彼の予定と照らし合わせて、次回の面会は九月十六日にすることを伝えた。

「じゃあそのときに、深田恭子の昔の写真集と、インコとハムスターの写真集をお願いしますね。あ、それから……」

白石は今日帰る前に、前回差し入れた日用品と同じものを、さらにそれに砂消しゴム一個と白タオル一本を加えて、売店で購入して差し入れてほしいと口にした。

「その分は、次回の謝礼から差し引いてもらって構いませんので……」

前回の日用品の差し入れは八千五百五円。そして今回はそれに三百七十一円が加わり、八千八百七十六円となる。私はそれらの日用品を拘置所内の売店で購入して差し入れた。

そして約束した九月十六日に、十二回目の面会をするべく、立川拘置所へと向かう。すると、いつもとは違い、面会室ではなく、面会窓口に呼ばれた。

「申し訳ありませんが、今日は辞退するそうです」

どうしたのだろうか。なにかあったのだろうか。とりあえず私は、その日持参した深田恭子の写真集『Reflection』（集英社）と『ハムスターのひとりごと』（誠文堂新光社）を差し入れて、拘置所をあとにした。

私はその夜、白石に電報を打ち、次は九月二十五日に行くことを伝えている。

だが、その日も彼は面会を辞退した。私は持参した深田恭子の別の写真集『KYOKO TOKYO PIN-UP GIRL』（ワニブックス）を差し入れて帰った。

私の書いた記事が、なにか彼の逆鱗(げきりん)に触れたのかもしれない。これまで白石には、対面記が掲載された週刊誌を送本していた。彼が面会を辞退した九月十六日の時点で届いているのは、六回目の面会分までだ。つまり、その号に掲載された記事がイヤだったという可能性がある。

だが、記事内容で〝盛って〟いるということはなく、すべて面会時にノートに記録した内容だけを掲載してきた。また、白石には事前に、面会で話したことをすべて記事に反映させることは伝えている。そう考えると、自分が発言してきた内容に嫌気がさしたということなのか。

そこで最後にもう一回だけと、九月二十八日に拘置所を訪れたが、結果は同じだった。

こうして、白石との面会は計十一回で、あっけなく幕切れとなったのである。ただ、ある意味そうしたことも含めて、〝彼らしい〟と納得する自分がそこにいた。

II

裁判

	主な犯行状況	強取金額
	いきなり手で首を絞めるなどして失神させ、強制性交、その後ロープで首を吊って殺害	36万円の返済免除 現金数万円
	①に同じ	現金数千円
	いきなり腕で首を絞めるなどして失神させ、その後ロープで首を吊って殺害	現金数千円
	①に同じ	現金数百円
	①に同じ	現金数千円
	寝ていたFを緊縛し、首にロープをかけるなどしていたところ、Fが覚醒、首を絞めて失神させて強制性交、ロープで首を吊って殺害	現金数千円
	①に同じ	現金数万円
	①に同じ	現金数百円
	①に同じ （ただし、殺害後に屍姦行為に及ぶ）	現金数百円

各事案の主な犯行状況

番号	呼称 年齢(当時)	性別	犯行日(頃)	罪名
①	A 21歳	女	8月23日 ~8月下旬	強盗・強制性交等殺人 死体損壊・死体遺棄
②	B 15歳	女	8月28日 ~8月下旬	①に同じ
③	C 20歳	男	8月30日 ~9月上旬	強盗殺人 死体損壊・死体遺棄
④	D 19歳	女	9月16日 ~9月下旬	①に同じ
⑤	E 26歳	女	9月24日 ~9月下旬	①に同じ
⑥	F 17歳	女	9月28日 ~9月下旬	①に同じ
⑦	G 17歳	女	9月30日 ~10月上旬	①に同じ
⑧	H 25歳	女	10月18日 ~10月下旬	①に同じ
⑨	I 23歳	女	10月23日 ~10月下旬	①に同じ

第1回
2020年
9月30日

〈自分のお金が欲しい、性欲を満たすため九人殺しました〉

落ち着きなく体を揺らす

まさか、と思ったが、法廷に現れた白石隆浩は、いつも面会時に着ているのと同じ、拘置所で支給されるペパーミントグリーンの上下という姿だった――。

二〇二〇年九月三十日、東京地裁立川支部の第一〇一号法廷。私との面会時にはかけていなかった黒縁の眼鏡に、マスクという姿の白石は、だるそうな表情を見せながら、椅子に深く腰掛けた。やがて裁判長が入廷すると立ち上がり、少し頭を下げる。

十三席しかない一般傍聴席を求めて、六百二十五人が抽選に参加したこの初公判。私も一部だが傍聴することができた。傍聴していない箇所については、その場にいた関係者への取材をもとに、できる限り正確に再現していくことにする。

まず人定(じんてい)質問が行われ、名前を名乗った。続いて住所は不定であることを認め、職業について問われると、「無職です」と、はっきりした声で対応した。

続いて検察官が起訴状を読み上げていくと、証言台に立つ彼は、最初のうちこそ検察官に目を向けていたが、やがて体の重心を左や右に傾けたりしながら、だるそうに聞くようになる。

九人の被害者がいる事件であり、そのうち八人の女性に対する強盗・強制性交等殺人、一人の男性に対する強盗殺人、さらに全員に対しての死体損壊、死体遺棄が問われるため、起訴状の文面も長い。

白石はたまに伸びをしたり、体を揺すったりと、終始落ち着きのない様子で、首を左右に揺らして骨を鳴らす姿も見られた。

最後に検察官が読み上げた起訴状を見せにくると、少し前のめりに覗き込み、「はい、大丈夫です」と口にしたのだった。

続いての罪状認否。白石はかねてより、私との面会のなかで、犯行はすべて認めると話していた。その言葉通り、裁判長から「起訴状に間違いはありませんか？」と聞かれると、「えー、起訴状の通り、間違いありません」と答えている。

やがて検察側による冒頭陳述が始まった。証言台から向かって左側の被告人席に移動した白石は、二人の刑務官に挟まれたまま、体を前に倒したり、逆に反らしたりと、座ってからも落ち着きがない。

屍姦行為が明らかに

冒頭陳述では被害者の名前は出されず、Aから順番にIまでのアルファベットで紹介された。そこでは事件の概要に続いて、発覚の経緯が明かされる。その内容は、一七年十月二十四日にIさんの行方不明届を警察が受理し、IさんとSNSでやり取りをした人物として白石が浮上。同年十月三十日に警察が白石のアパートを訪問する。白石は当初、「知らない」と否認していたが、その後自白し、「金と性欲目的」との上申書を作成し、三十一日未明に逮捕されたというもの。

続いてほとんどの被害者を失神させ、強制性交をして首を吊って殺すという手口が紹介され、Iさんに対しては、屍姦(しかん)行為まであったことが明かされている。白石はかつて八回目の面会の際、「性行為での興奮はありましたけど、死体にはなかったですね。ただ、何人も殺して後半になると、それが生まれて、写真を撮ったりもしました」と語っていた。屍姦については一言も触れていなかったが、それがこのときだったのだと確信した。

やがて殺害後の死体損壊・遺棄についての説明が始まる。証拠隠滅のため、バラバラに切断したうえで、肉片や内臓については一般ゴミとして捨てたこと、頭部については、鍋で煮るなどして大きな骨と一緒に隠したということが、淡々と述べられる。その内容は以前に私が白石から聞いていた通りだ。

次に白石の生い立ちについて。一九九〇年十月九日生まれの白石は高卒後、スーパーマーケットやパチンコ店など職を転々とし、婚姻歴はなし。一五年十月にスカウト業を始め、一七年二月に職業安定法違反で起訴される。同年三月に保釈され、実家で父親と二人暮らしをしながら、倉庫会社でアルバイトをしていた。

その際に、父親のもとを早く離れたい、女性のヒモになりたいと考え、スカウト業の経験から、自殺志願者は言いなりにしやすいと思いつく。そして同年三月十五日にツイッターを開設し、「自殺したい」などの嘘のツイートをする。その後、同年五月二十九日に職業安定法違反で懲役一年二月、執行猶予三年の判決が下された。それから間もなくバイトを辞めて無職となる。

最初の被害者であるAさんと知り合い、殺害に至る経緯も語られたが、その内容は面会時に白石から聞いていた通りだった。検察官による陳述では、「Aさんの首を絞めて失神したところに欲情。犯す、殺してカネを奪う、失神中のAさんを犯すことで新たな快感を覚え、そのうえ大金を手に入れたことに味を占める」とのことだった。

一七年八月二十八日から十月二十三日にかけてのBさん、そしてDさんからIさんに至るまでの犯行手口についても、共通するものだとして、まず自殺願望のある女性を騙してアパートに誘い入れたうえで、「女性がカネづるになりそうにない、本気で自殺する気がないと判断したら、いきなり首を絞めて失神させ性交。その後、首を吊って殺し、カネを奪う。証拠隠滅のため死体を徹底的に損壊、遺棄」と説明した。

また、被害者のなかで唯一の男性であるCさんについては、「Aさんとの繋がりがあったことから、Cさんを通じてAさんの事件が発覚すると邪推し、口封じとカネを奪うために殺す」とのことだった。

こうしたみずからの犯行が読み上げられるなか、白石は椅子に深く腰掛け、足を前に投げ出し目を瞑っている。

弁護側は「殺害の承諾があった」と主張

一方、弁護側の冒頭陳述は「年間二万五千人自殺者がいる。自殺は社会問題だ。どうして死を選んだかわからない。今回の事件は死を望む気持ちが出発点……」との言葉で始まった。そして自殺者に共通するのは、「誰もがみずからの死を望んでいたこと」としたうえで、「Aさんをはじめとする九人もみずからの死を望む気持ちがあった。希死念慮に基づいて行動を起こした。SNSでみずからの意思で被告（白石）と繋がり、彼のところに行った」と述べる。

そのうえで、〝死にたい〟人に共通しているのは、SNSで第三者と自死についてやり取りをしており、そうしたなかで白石と繋がったのだと説明。

「（SNSでの）やり取りは死について具体的だった。いつ、どのような方法かという死の実現のやり取りを経て彼のところに行った。被告が強制したわけではない。無理やり連れてきたわけではない。やり取りを経て、みずからの意思で彼のところに行った」と繰り返した。

さらに弁護側は「たしかにみずからの手によるものではないという点では、自殺とは違うが、（被害者は）被告の手で死が実現されるのを想定していた。それでみずからの意思で彼のところに行った。九人には殺害の承諾があった。承諾殺人罪、同意殺人罪が成立する」と主張。責任能力についても触れ、「被告はなんらかの精神障害にかかっていた。その影響で事件を起こした疑いがある。心神喪失または心神耗弱の疑いがある。本当に責任能力に問題がないか十分調べてほしい」と訴える。

そして最後に、以下の内容を裁判員に向けて伝え、弁護側冒頭陳述を締めくくった。

「裁判員制度で選ばれた皆さん。刑事裁判ではこの法廷に提出されたもので判断をしなければいけません。テレビ、新聞等の情報で判断してはいけません。来月で発覚から三年。発覚すぐから、この事件の情報が溢れかえっていた。どんなに情報が入らないようにしても、接してしまったと思います。それは仕方ないと思う。しかし、法廷の外で入った印象で、ここでは判断してはいけない。証拠調べはまっさらな状態でやらないといけません。この事件はとても重大だからこそ、まっさらな目で公平公正な裁判をしていただきますように、よろしくお願いします」

遺体発見時の状況

やがて検察側による証拠調べとなり、事件発覚の経緯からその後の捜査状況についての説明が始まると、私の知らない当時の詳細な状況が、次々と明らかにされていく。

まず捜査状況報告書の〈発覚の経緯〉は次の通りだ。

「平成二十九年十月三十日十六時三十二分、座間市緑ケ丘×－×－二〇×の被告方を警視庁の警部らが訪問して発見。高尾署が行方不明者Iさんを捜索中に浮上。行動を共にしていた被告を警察官六名が発見し、追尾して住居を特定……」

ここでは触れられていないが、実際は白石が私に語っていた通り、彼が待ち合わせることになっていたQさんという女性が〝囮(おとり)〟となり、彼女が現れなかったことで部屋に戻った白石を捜査員が尾行。態勢を整えて数時間後に部屋を訪問したのだった。以下説明が続く。

「インターホンを押し、Iさんについて尋ねたところ、被告は『知っています。二、三日前のことですよね』と関わりを認め、『会ったその日に別れました。別れた場所はここです』と話した。警察官がリビングに入ると、リビング内には衣類が散乱し、クーラーボックスと女性物のバッグがあった。俯いて黙り込んでいた被告に警察官が『正直に言いなさい』と言うと『正直に言います。私、殺しました。逮捕してください』と話した。警察官が『処分はどうしたのか』と聞くと、『頭部をクーラーボックスに入れました。あの子はここです』と、玄関のクーラーボックスを指さした。『あの子は』との表現に違和感を持った警察官がさらに尋ねると、『九人です』と答えた……」

それ以降、素直に応じた白石は、Iさんの遺体の遺棄場所について、「このボックスです。二つ入っています」と答えたという。警察官が蓋を開けると、クーラーボックスの内部にはゴム手袋と目の粗い砂が詰められていた。五センチメートルほど掘ると、人間の額が現れ、顔面と頭部が確認されたのだった。

この説明を聞いている白石は目を閉じ、頭を左右に揺らす。

包丁、まな板、鍋、ミキサー容器から血液の陽性反応

　続いての、同日に行われた実況見分についての説明では、まず白石の部屋について、木造二階建てで各階六部屋、計十二世帯が居住するものであることが伝えられた。部屋は五畳でユニットバス、ロフト付きのワンルームであることが説明されると、玄関の写真が法廷内のモニターに映し出される。手前に靴があり、廊下には猫砂が、ドアの前には白いクーラーボックスが一つ見てとれる。

　さらに写真は五畳の室内に変わる。衣類が床に散乱しているのがわかる。検察官は言う。

「キッチン横からトイレシート、ノコギリや婦人靴、ガムテープを発見。南東面にはボックス二つと空気清浄機が確認できた。南西面のカーテンレールの前にはレインスーツがかけられ、合計三個のRVボックスがあった。北西面にはブルーシートと赤色のショルダーバッグがあり、床下に目張りされたクーラーボックスがあった。裏側には鞘があった」

　ここで廷内のモニターに、室内の北東面の写真が示され、はしごがかけられたロフトが映し出される。検察官は「ロフトは二・五畳、ロープが見つかった」と説明。写真内のはしごの上から二段目にはロープがかかっている。それは、白石が被害者の首に縄を

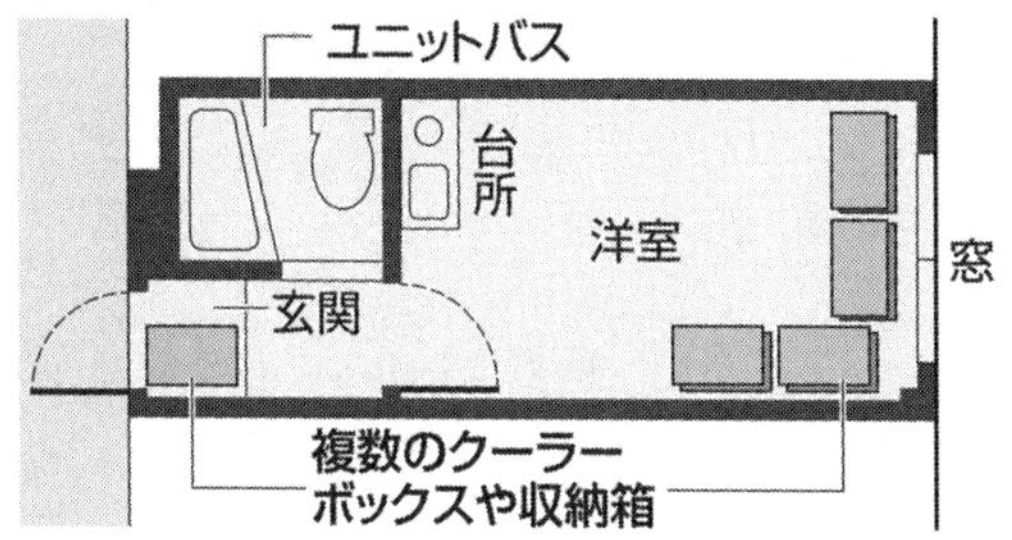

室内の見取り図（提供：朝日新聞社）

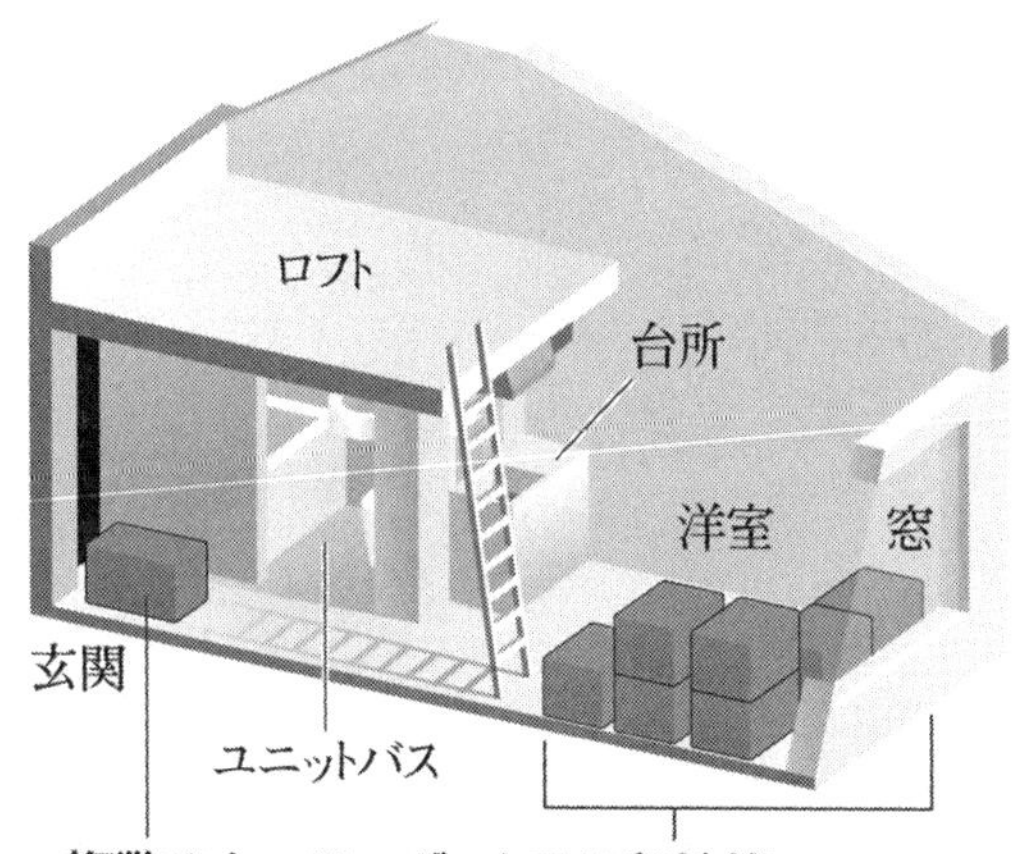

室内のイメージ（提供：朝日新聞社）

かけて吊るしたと思しきロープだ。

さらにその翌日以降の検証結果についての説明が続く。

「玄関の郵便受けにはガムテープで目張りがされ、床下にはビニール袋があった。ロープと結束バンドが見つかり、ロープは輪っかがあり、結束バンドは結束されたまま切られていた。キッチンにはスポンジとキムチの素と菜箸。ＩＨコンロの上には鍋。キッチンにあった包丁二本、まな板、鍋、ミキサー容器からは血液の陽性反応があった。部屋には電源式保冷庫があったが、なにも入っていなかった。調べたところ、血痕の陽性反応があった。レインコートも陽性反応が……」

ここで白石は瞑っていた目を開けて、両腕を上げ、寝起きのように上半身の伸びをする。数秒後、ふたたび彼は目を閉じた。

「白いビニール袋を開封すると、ブラジャーや財布、二十三・五センチメートルの靴が見つかった。赤いショルダーバッグからＨさんの名前のポイントカード、黒色リュックやゴーグルもあった……ロフトからは鞘入りのナタが見つかった。はしご周辺の尿反応を調べると、縦百七十六センチメートル、横百四十センチメートルの範囲で陽性反応があった」

発見時の遺体の状態

続く捜査状況報告書の〈死体発見状況〉では、実況見分で遺体を入れたクーラーボックスやRVボックスを指さす白石の写真が、モニターに映し出される。

クーラーボックスとRVボックスは計七つあり、AからGに分類されていた（被害者につけられたものとは別）。その中身についても詳らか（つまび）にされる。検察官が説明したボックス別の概要は以下の通りだ。

A：二名分の頭部死体（頭部）　うちA1は真皮が露出して淡い緑色に変色。眼球が突出。A2は淡い緑色。両目が開き角膜が混濁。

B：二名分の頭部死体と人骨九十二点　うちB1は皮革化（ひかく）しやや茶色から緑黄色。B2は赤褐色でまぶたを閉じている。

C：人骨六点、内臓のような肉片八点

D：人骨三十一点、一名分の頸部から切断した頭部死体　乾燥し褐色に変化。眼球確認できず。

E：人骨七十七点

F：人骨三十二点、三名分の頭部死体　そのうちF3には口唇部に粘着テープ。

G：人骨二十七点、一名分の頭部死体　褐色、乾燥傾向、粘着テープで覆われている。

これらの説明を聞きながら、白石は目を閉じて腕を組み、椅子の背もたれに寄りかかって足を伸ばしている。

頭部死体についての解剖結果では、死因の特定には至らなかったが、Iさんの遺体についてのみ「後頭部中央に皮下出血。さらに鑑定したところ、作用面の広い鈍体にぶつけたものとみられる」との説明がなされた。

そこで傍聴席に見えるモニターは消され、裁判官と裁判員にのみ見えるようにして被害者の写真が示されたうえで、AさんからIさんまでの氏名、年齢などが示された。被害者については別表に掲げた（100ページ）。

白石のSNSでのふるまいと検索履歴

続いて白石がツイッター上で作成した五つのアカウントが紹介された。なお、法廷で聞き取れなかったなどの理由で、表記について、明確ではないものがあることをお断りしておく。ツイート内容については一部を抜粋して記す。

○アカウント名「ー（ふりだし）」
平成二十九年三月十五日作成。被害者のEさん、Iさんが登録。
○アカウント名「死にたい」
平成二十九年八月二十二日作成。被害者のBさん、Dさん、Hさん、Iさんが登録。
〈ツイート内容〉
・死にたい、お願いします
・自殺募集
・誰かきっかけになってくれませんか、道具は揃っています、あとはきっかけだけ
〈DM（ダイレクトメッセージ）内容〉
・一緒に死にませんか
などと複数の女性に対して送信。
○アカウント名「首吊り士」
平成二十九年九月十五日作成。
〈ツイート内容〉
・首吊りは苦しくない

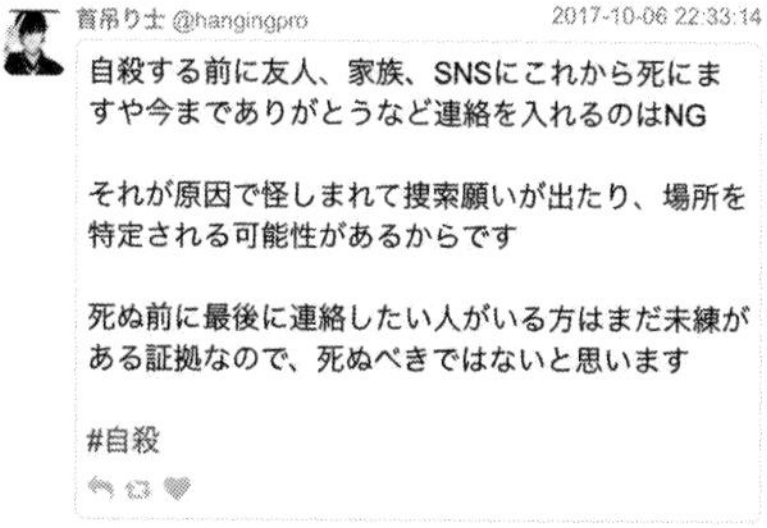

首吊り士 @hangingpro　2017-10-06 22:33:14

自殺する前に友人、家族、SNSにこれから死にますや今までありがとうなど連絡を入れるのはNG

それが原因で怪しまれて捜索願いが出たり、場所を特定される可能性があるからです

死ぬ前に最後に連絡したい人がいる方はまだ未練がある証拠なので、死ぬべきではないと思います

#自殺

白石のものとみられるツイート

・気持ちよく血流を止めるポイントを探しましょう
・本当に困っている方はお声かけください
・つらさに直面しているときに死ぬべきです
・友人や家族にこれから死にますなどと連絡するのはNG、ばれてしまうから
・練炭自殺は苦しいのかという質問があるが、苦しい、寝てるうちに死ねるというイメージがあるが、実際には一酸化炭素中毒で苦しく、失敗すると後遺症が残ることもある

○アカウント名「終わりにしたい」
平成二十九年九月十八日作成。被害者のHさんが登録。
○アカウント名「スリープ」
平成二十九年十月十七日作成。被害者の登録はなし。

これらのツイッターのアカウントに続き、白石のスマホでの検索履歴（ワード）が開示された。これは日付別に分類されており、記録できたもののみ抜粋して表にした。

白石のスマホでの検索履歴（ワード）

※記録できたもののみ抜粋

平成29年（以下同） 5月14日～6月5日	〈YouTube検索〉 ・包丁　切り方　殺し方 ・殺人瞬間 ・不意打ち　殺人 ・鉈(ナタ)　殺害 ・斧(オノ)　使い方 ・ナイフ　暗殺 ・鎌(カマ)　研ぎ方
6月11日	・死にたい、SNS ・首吊り動画
8月16日～19日	・殺人罪 ・同意殺人罪 ・殺人一人　刑期どれくらい ・検索されない方法 ・自殺ほう助なぜ違法
8月20日	〈YouTube検索〉 ・解体 ・人間解体
8月30日～31日	・人間を食べるときの注意事項 ・ニルバーナ ・日本で起きた食人事件 ・何人殺せば死刑 ・永山基準
9月28日	・オウム
10月24日	・指名手配

続いて、白石のスマホ内に保存された画像ファイルも紹介された。抜粋して記載する。

〈平成二十九年（以下同）八月二十日〉
サイト「死体解体法」のスクリーンショット十二枚
・逮捕されないために風呂場で解体しましょう
・浴槽に水を張り赤橙色の入浴剤を入れましょう
・必要なもの　包丁、砥石、ネギ、ニンニク、猫砂
・死体の腐敗を遅らせるために猫砂で水分を抜く
・足は煮込んで骨から外しやすくし、骨はミキサーで粉々にしてトイレに流す
・頭部の処理の仕方について
・風呂場の掃除について
・肉片は袋ごと捨てる
・深夜のコンビニや大量のゴミがあるゴミ捨て場がいい

〈八月二十三日〉
「人間を食べるときの注意事項」のスクリーンショット三枚

・頭を下にして足を持ち上げ吊るす
・食用に適した部位

　ここで一旦休廷となり、再開後は検察側によって、犯行前後に白石の購入した商品が次々と挙げられていく。日付別に記録できた範囲で表にした（120ページ）。

　過去に購入した商品が次々と挙げられる最中、白石は腕を組み目を瞑ったまま足を伸ばし、感情を露わにしない。その姿は、現実から逃避したいのではないか、との印象を抱かせる。

　最後に、一七年十月三十日作成の以下の上申書が読まれ、初公判は終了した。

〈事実、私白石隆浩は自分のお金が欲しい、性欲を満たすため九人殺しました。〉

〈クーラーボックスに頭が九つあります。首から下はゴミとして捨てました。ゴミは近所のゴミ捨て場です。〉

　彼の凶悪な犯行が、本人の説明以上に、より真に迫ってくる公判だった。

犯行前後に白石の購入した商品

※記録できた内容のみ

平成29年(以下同)8月18日	ガムテープ1個、ナイロンテープ7m分	白石がAさんに「失踪宣告書」を作らせる
8月23日	防臭作業マスク、ゴーグル、ペンチ、ノコギリ、替え刃、レインスーツ	Aさんを殺害
同日別の時間	ペットシート、猫砂、ゴミ袋、アルミ鍋、包丁、排水パイプ用洗剤、浴室用洗剤	
同日別の時間	ハンディブレンダー、ノコギリ、まな板、クーラーボックス	
8月24日から25日	両手鍋(24cm)、ミキサー	
	ペットシート、猫砂	
	クーラーボックス	
	クーラーボックス	
	猫砂4袋、にんにく(瓶入り)、塩	
8月26日	室内用消臭剤、排水パイプ用洗剤	
8月28日	RVボックス、バックルストッカー、ナイロンテープ9m分	Bさんを殺害
同日別の時間	消臭スプレー、入浴剤、ジッパー付き保存袋、猫砂、ゴム手袋、ペットシート	
8月30日		Cさんを殺害
8月31日	バックルストッカー、ゴミ箱、ガムテープ2個、はさみ、やすり、厨房用洗剤、ビニールひも	
同日別の時間	猫砂4袋、ペットシート、入浴剤	

9月4日	バックルストッカー、猫砂12袋、ナイロンテープ、きり	
9月14日		甲さんが白石宅に滞在開始
9月16日	猫砂、ペットシート	Dさんを殺害
9月19日	ジッパー付き保存袋10個、ハエ取り剤、ハエ取りスプレー	
9月23日	ハエ取り剤、猫砂3袋	甲さんが去る
9月24日	ペットシート、猫砂3袋	Eさんを殺害
9月28日	カーペットローラー	Fさんを殺害
9月29日	猫砂2袋、ペットシート	
同日別の時間	猫砂4袋	
9月30日		Gさんを殺害
10月3日	ジッパー付き保存袋、ゴム手袋2枚	
10月4日	ゴミ袋、猫砂2袋	
10月5日	バックルストッカー、はさみ	
10月18日	室内用消臭剤6個	Hさんを殺害
同日別の時間	マスク、猫砂3袋	
10月23日	ペットシート3枚	Iさんを殺害
10月25日	猫砂	

第2回
10月5日

「強く死を考えること、イコール死を決心することではありません」

精神鑑定を行った医師の証言

第二回公判が開かれたのは十月五日。私自身はこの公判は傍聴していないが、その場にいた複数の関係者への取材によって、内容を明らかにしていく。また、以降の公判についても、その多くが同様の経緯であることを事前にお断りしておく。

被告人席に座った白石は、初公判と同じく黒縁の眼鏡をかけ、拘置所で支給されるペパーミントグリーンの上下という服装だ。腕を組み、頭を左側に傾げている。

やがて裁判官が法廷に姿を現すと、立ち上がって一礼した。今日は白石の精神鑑定を行い、責任能力について「ある」との判定を下した、精神科医（以下、医師）への証人尋問が行われることになっていた。

弁護人がまず尋ねたのは〝希死念慮〟は、どのようにして生じるのかということ。

医師「誰しも苦痛や悩みがあります。普通はそれらを解決していこうとします。それがうまくいかなければ耐えなければいけないという心境になり、不安定な状況に陥って死を思いつく。それが希死念慮です」

弁護人「精神的に不安定になった結果の一つが希死念慮ということですが、ほかにはどのようなことがありますか？」

医師「苦痛に耐えられないときは逃げようとしますが、その方法の一つが死。あとは引きこもりや、生活を捨てる、これは行方不明や違う場所での生活です。それから紛らわせる、たとえばアルコールや薬に頼ること。さらに自暴自棄になり、自傷行為をしたりとか……。いままであった傷つける例としては、リストカット、煙草（タバコ）の煮出し汁を飲む、夜中に道路に寝転がる、何度もビルの屋上に行ってみるなどがあります」

こうした証言の最中、白石は目を瞑り、首を傾けて聞いている。また、ときに両腕を組んだりもする。

被害者はどれぐらい死にたがっていたか？

その後も弁護人は〝希死念慮〟についてひとしきり質問を続けてから、被害者九人の行動とリンクする質問に移行した。

弁護人「被害者の九人のなかには白石さんのところに行ったあとも、他の人と具体的に自殺についてやり取りした人もいます。彼らは死にたいという思いが強いのですか？」

医師「苦痛や苦悩は相当だったと想像できます。しかし、死の決心の強さでいくと、整理する必要があります。自殺を思いつくこと、死ぬ方法を考えること、死んだあとの周囲のことを考えること、死後の世界について考えるなど、死の計画を考えていた人がその他のことを強く考えていたかは別のことです。自殺を思いつき、死にたいと考えることと、いま死のうという思いは別にある。決心については、決心がつかないこともあります。たとえばビルの屋上に行くことがあっても、行動しなかったりとか。強く死を考えること、イコール死を決心することではありません」

弁護人はその逆のケースについても尋ね、医師は「自殺するつもりはないと言いながら自殺することもある」と証言した。

さらに質疑応答が続き、弁護人の質問が徐々に具体的になってくる。

弁護人「家庭内のことで不安定の要素となることがあると言いましたが、親子関係が不安定な心理状況を生じさせることは？」

医師「希死念慮に至らなくても、親子関係が重要なケースもあります」

弁護人「ラインやツイッターのやり取りで親からの叱責、なじりがあったとき、希死念慮に繋がることはありますか？」

医師「ラインの対応でというケースはいままでありませんでしたが、内容で傷つくことは十分にあり得ます」

弁護人「それが一分間に十や十五と続いた場合の影響は？」

弁護人がこの質問をしたところで、検察側から、弁護人の質問内容が一般的な話から今回の事件の個別的なことになっているとの指摘があがり、尋問が一時中断する。そして、弁護人が先の質問を取り下げ、別の弁護人が質問するかたちで再開した。

弁護人「希死念慮を抱く原因はいろいろあるとのことでしたが、自分で原因がわからないけど希死念慮を抱くこともありますか？」

医師「自分で整理がついていないという人はたくさんいます」

弁護人「周囲が原因についてわからないこともあるのですか？」

医師「あります」

以上で弁護人による尋問は終了し、一旦休廷となった。

午後に再開した法廷では、検察官による医師への質問が行われる。被告人席に座った白石は、眼鏡のレンズを服の裾で拭いたあとは、腕組みをしながら椅子の背もたれいっぱいにふんぞり返るような姿勢でいる。

検察官「この裁判の争点は自殺願望の有無ではなく、承諾があったかどうかですが、自殺したいと思っている人は、他人に殺されたいと思っているのですか？」

医師「それはまた別の考えになります。個人的な見解ですが、死にたいと思っている人が殺されたいと思っているのは少ないと思います」

弁護側が承諾殺人を主張し、検察側は承諾のない殺人を主張していることから、それぞれの訴えに基づいた質問になる。検察官はその後も「自殺したい人が殺されることを許しますか？」や「自分で死ぬのが難しい、イコール殺されたいになりますか？」といった問いかけを続けた。

その後、弁護側の最終尋問、休廷を挟んでの裁判官による尋問が行われ、証人尋問は終了した。

自殺を手伝ってほしいと白石に依頼

この公判ではAさんからIさんまで九人の被害者のうち、最初にAさんからCさんまで、次にDさんからGさんまで、最後にHさんからIさんまでという具合に、区切って審理を行っていく予定である。そこでこれからAさん、Bさん、Cさんが被害を受けた事件についての、検察側と弁護側の冒頭陳述が行われることになっていた。

検察官が立ち上がり、冒頭陳述を始める。まずはAさんの人物像について。

「当時二十一歳。神奈川県内で母と兄と三人暮らし。精神科に通院するなど精神的に不安定な一面もあるも、様々な過去を乗り越えつつ、会社員として真面目に働き、前向きに生きようとしていた。その人物像については、（十月）七日の公判でAさんの母親に証言してもらいます」

続いて、犯行に至る経緯等が説明される。以下の出来事はすべて平成二十九年（二〇一七年）のことであるとの注釈が付く。

「三月に白石被告は釈放されてから、『ヒモになりたい』、『楽して生きたい』と思い、スカウト時代の経験をもとに、自殺願望のある女性は言いなりにしやすいと考え、ターゲットにツイッターで接触を試みた。

八月初旬頃、ツイッターを介してAさんと知り合う。

八月八日、無料通話・メッセンジャーアプリである「カカオトーク」を通じてAさんと連絡を取り合うようになる。Aさんは『死にたい』などと連絡。

八月十二日、ネット上の知人関係にあったAさんとCさんから、自殺を手伝ってほしいと被告（白石、以下同）に依頼がある。被告はヒモになれるか判断するため、Aさんの依頼に応えるふりをして、二人の自殺を手伝う名目で三人で会う約束をする。このとき被告はAさんとCさんが死ぬならカネを奪おうと考えていた。

八月十五日、座間市の公園でAさんとCさんに会う。Aさんから被告に死ぬのをやめるという旨のメッセージが送信され、AさんとCさんの自殺計画は中止となり、三人で公園で飲酒をして別れる」

翌十六日頃、どのような手段で知ったかは明かされなかったが、白石はAさんに貯金があることを知り、彼女の貯金で部屋を借りて同居し、ヒモになろうと考えたという。このあたりは私が白石との面会で、本人から聞いた内容と合致する。

殺してカネを奪う考えが浮かび始める

「八月十七日、被告はAさんにメッセージを送り、自殺をやめさせて同居を提案する。Aさんはその提案を受け入れる。

八月十八日頃、被告がAさんに〝失踪宣告書〟を作らせ、家族宛に自宅に残させる。被告はAさんのヒモになれなかったら殺害してカネを奪おうと考え始める。不動産業者をまわって部屋探しの際には、ロフトの柵にロープをかけて殺すために、ロフト付きにこだわる。ホームセンターでロープを買う。

八月十九日、本件犯行現場となった××（アパート名、部屋番号）への入居申し込みの際、通帳の写しが必要となったため、Aさんから五十一万円を借りて入金させる。被告はカネを自分のものにしたいと考える。Aさんの様子からヒモになるのは困難かつ、自殺する様子もないと判断。カネを手に入れるためには、Aさんを殺害して証拠隠滅するしかないと考える」

ここで出てくる「通帳の写し」とは、面会時に白石が明かしていた〝見せ金〟のこと。

不動産業者から「収入がないとダメだ」と一旦は仲介を断られるも、「銀行口座に一定の残高があれば可能」と言われたことでの対応策だった。結果的にこのことが彼を殺人に駆り立てる〝引き金〟になったことがわかる。

「八月二十日頃、Aさんを殺害する決意をし、死体の解体方法についてインターネットで調べ始める。

八月二十二日、××（アパート名、部屋番号）への入居契約。Aさんとの同居開始」

ここでは白石が私に話していた内容と食い違いがある。彼はインターネットでの検索について、「八月十八日くらいからネットで検索したんです」と話し、Aさんの殺害日については、「最初に部屋に来た日に殺しました」と説明していた。冒頭陳述でそう述べられていることから、白石が私にした発言は記憶違いだったと考えるべきだろう。

「八月二十三日、失踪を装うためAさんにICカードで江の島まで行かせ、スマホとICカードを海に捨てるように指示。Aさんは相武台前駅から江の島に向かうが、携帯電話は捨てず、公衆トイレ内に放置した。その間に被告は死体解体用のノコギリや包丁、クーラーボックスなどをホームセンターで購入した」

そこまで話すと検察官は、次回六日の公判でカカオトークの内容を明らかにすることを口にし、その内容からAさんが（生きていくことに対して）後ろ向きな気持ちから、前向きな気持ちになっていることがわかると話した。続いて犯行状況に触れる。

「八月二十三日の夜、被告がAさんと話す。被告は道具を準備してあるため、殺してカネを奪おうと考えた。Aさんは失踪を装って被告と新たな生活を始めようと考えているため、自分が殺害されるとは思っていない。この時点で殺害について合意はなしである。被告はいきなりAさんの首を絞め、抵抗を排除し失神させる。失神したAさんを見て欲情した被告が、殺害前にAさんとセックスしようと考え、強制性交を行う。その後、Aさんをロフトのはしごに結んだロープの先に輪を作り、失神中のAさんの首に輪を通して体を吊り下げ、窒息死させた。Aさんの所持金数万円を奪い、入金してもらった五十一万円から不動産契約費用を引いた、約三十六万円の返済を免れる。

同日から八月下旬頃、証拠隠滅のため、インターネットで調べた手順で、Aさんの死体をノコギリ、包丁で細かく切断。大きな骨は鍋で煮るなどして肉を剝がしたうえで、頭部等とともに自宅のクーラーボックス内に入れて隠匿。残りは小分けにしてビニール袋に入れるなどし、自宅付近のゴミ集積所等に燃えるゴミとして捨てた」

一緒に自殺しようと騙された高校生Bさん

Aさんについてはこれで終わり、続いてBさんの人物像が紹介される。

「当時十五歳の高校一年生。群馬県内で両親と同居していて一人娘。中学では演劇部に所属し部活動に励む。絵が好きで画塾にも通い、友人にも恵まれて充実した学生生活を送る。これらは両親からの報告書をもとに作成したものです」

次に犯行に至る経緯等が明かされた。まずここでは、八月二十二日に白石が「死にたい」とのアカウント名でツイッターを開設したことに触れられる。つまり、Aさん殺害の前日に、白石は次の被害者を探そうとしていたわけである。検察官は続けた。

「八月二十三日、Aさんへの犯行に味を占めた被告が、引き続き自殺願望のある女性を誘い出して、カネづるになりそうもなければ、強制性交をして所持金を奪おうと考えるようになる。

八月二十四日から二十五日、クーラーボックス二つを追加で購入。

八月二十六日、Bさんがツイッターに『関東で一緒に死んでくれる人いませんか』と投稿。中学のときから課題や提出物を出せないことに悩んでいて、この日は夏休みが終わる間際だったが、課題が終わっていなかった。二十七日にかけて、被告がアカウント名『死にたい』を使ってBさんにメッセージを送り、Bさんとのやり取りを開始。Bさんに一緒に首吊り自殺をしようと嘘をつき、会う約束をする。

八月二十八日、Bさんは始業式に行くふりをして自宅を出たあと、学校に欠席の連絡をして一旦自宅に戻る。私服に着替えて被告のもとへ。九時二十一分頃、群馬県内の駅から電車で待ち合わせ場所へと向かう。十三時四十五分頃、被告と相武台前駅周辺で合流し、二人で近くの公園を（距離を空けて）散歩。十四時二十九分頃、Bさんは被告に『いろいろ考えた結果、生きていこうと思います』とラインを送る。被告がBさんを引き留め、しばらく家を出て一緒にいればいいなどと、自宅に引き入れる。被告は遅くともこの頃までには、Bさんの様子から、自殺する気がなく、カネづるになりそうにないと判断し、強制性交をして殺そうと考える。そしてAさんのときと同様に、江の島に行って海に携帯電話などを捨て、防犯カメラなどでバレないように、帰りは着替えた状態で改札に入るように指示。十七時四十六分頃、Bさんは相武台前駅からひとりで電車に乗り、江の島へと向かい、途中の駅で服等を買う。十九時二十一分頃、片瀬江ノ島駅の改札を出て、駅構内のトイレに携帯電話を隠し、着替えた状態でふたたび電車に乗る。翌朝、清掃員がBさんの携帯電話を発見している。二十一時過ぎ頃、相武台前駅まで電車で戻り、被告方へ戻る」

検察官はBさんが白石宅に戻って来た日の夜に犯行が行われたとし、その状況を明かす。

「Bさんは自殺をやめ、しばらく家出をしようと考えている。この時点で殺されることに（弁護側が主張する）合意はないといえる。

被告はBさんを姦淫して殺し、カネを奪おうと考え、隙をついていきなり首を手で絞めるなどの暴行を加え彼女を失神させた。そして強制性交をし、ロフトのはしごに結んだロープの先に輪を作り、失神中のBさんの首を通して体を吊り下げ殺害した。それから所持金数千円を奪う。なお被告はBさんが途中で起きて抵抗しないよう、口に粘着テープを貼り、両手首に結束バンドをしていた。頭部遺体発見時も口にテープが貼られたままだった。死体の解体・遺棄の方法については、Aさんとほぼ同様である」

唯一の男性被害者Cさん

Bさんについてはこれで終わり、最後に、被害者のなかでは唯一の男性である、Cさんについての陳述が行われた。ここでもまず、両親から聴取をした結果の人物像が語られる。

「当時二十歳、三人兄弟の長男で、神奈川県内で両親と弟、妹の五人暮らし。高校卒業後、知的障害者支援施設で介護支援員として働く。平成二十九年（一七年）六月に入院をして休職中だったが、九月から復職予定だった。音楽好きで、当時もバンド活動をしていた」

犯行までの経緯は次の通りだ。

「八月十五日、被告がAさんとCさんの自殺を手伝うと言って三人で会う。自殺はやめて三人で飲酒しただけとなる。

八月二十八日、Cさんが被告に対し、ふたたび自殺を手伝ってほしいとラインを送る。被告はCさんが自殺するように仕向ければ、死後に所持金を盗めるなどと考え、ラインのやり取りのなかで所持金をそれとなく聞き出す。その際にCさんから、彼宛にAさんの母親から電話がかかってきたという事実を知る。そこでCさんを通じて、被告がAさんを殺害したことが発覚することを恐れ、口封じのためにCさんを自殺させ、所持金を奪おうと考えた。そこでCさんに対して自殺を手伝う旨を伝え、翌日に会う約束をしたのだった。

八月二十九日、十五時四十四分頃、相武台前駅付近でCさんと二人で会う。Cさんは被告と会って話すなかで自殺する気を失い、被告と一旦別れる。十六時四十六分頃、Cさんから被告に対して、『俺、これからはちゃんと生きていきます』とラインを送る。被告もCさんを励ますメッセージを送った。

被告はCさんにどうしても死んでもらわないといけないため、食事をしようと引き留め合流する。そしてCさんに対して、失踪したように装って、しばらく被告方にいたらどうかと持ち掛けた。Cさんがこれに応じたため、携帯電話等を江の島の海に捨てに行くように指示し、十七時二十二分頃、Cさんは相武台前駅から電車に乗るも、海老名駅（神奈川県）で降車して、そこにしばらく滞在する。二十一時十三分頃、Cさんは海老名駅近くのコインロッカーに携帯電話や財布等を預け、その後、被告方に戻って深夜まで被告と飲酒したのだった」

最初からCさんを殺害するつもりだった白石が動いたのは、三十日の未明のことだ。相手が男性ということで警戒し、酒を飲ませて酩酊するのを待っていた可能性もある。

「酒を飲んでいて三十日に日付が変わるが、Cさんから『やはり死にたい』などという言葉はなく、自殺はやめてしばらく家出をしようと考えているようだった。そこで被告は隙をついてCさんの背後からいきなり腕で首を絞めるなどし、激しい抵抗を抑え込んで失神させる。口にテープを貼って、ロフトのはしごに結んだロープの先に輪を作り、失神中のCさんの首に輪を通して体を吊り下げ窒息死させた。死体の解体・遺棄の方法についてはAさん、Bさんと同様で、発見された頭部遺体の口にもテープが重ねて貼られていた」

三人の事件についての状況説明が済むと、続いて争点について、検察側は三人がいずれも殺害されることを承諾していなかったと主張。「弁護側は被害者の背景に希死念慮があったことで、殺人への承諾があったとしているが、希死念慮があったとしても、殺害されることに承諾があったわけではなく、区別が必要だ」と述べた。また、被害者の生前の言動にも着目する必要があるとして、三人がすべて、当初の自殺意思を撤回する旨のメッセージを発信していたことに触れ、冒頭陳述を終えた。

Aさんを苦しめた過去の自殺未遂体験

それから休廷を挟み、弁護側の冒頭陳述が始まる。

弁護人は被害者三人がともに自分が死ぬことに承諾があったとし、その理由について、Aさんは「生き残ってしまったという葛藤」から白石に連絡をし、Bさんは「自分がどうしてもできないことをしろと言われている」ことから、Cさんは「仕事とバンド活動での悩み、恋人との別れ」があったとした。そのうえで、殺害方法と希望日を伝えたうえで、みずから白石のもとに行ったと主張した。

弁護人がその話をしている最中、白石は腕を組み、目を瞑っている。

次に弁護人は、まずAさん事件の原因について詳細を説明した。

「中二でいじめに遭い、恋愛対象が男性も女性もいたため、自分が好きなのは誰なのかという悩みがあった。高一のときには一カ月くらい家出し、行方不明に。帰宅後、精神的に不安定なため精神科へ行き、適応障害と診断された。通院を自分の意思でやめ、睡眠薬を大量に飲むなどした」

その後、Aさんは一三年六月からスマホを使い始め、ツイッターやラインをやっていたが、同年八月十七日に、忘れられない出来事があったという。

「ネットで知り合った女性と江の島の海で入水自殺を図り、相手だけが死亡。自分だけが生き残ってしまったと根強く思うようになり、その後、精神科に入退院を繰り返す。入院中の病院でリストカットや首を吊ろうとしたが、止められる。退院してからも江の島の海で再度の入水自殺を図り、命を絶とうとするが、他人に止められて未遂に終わっていた」

Aさんの希死念慮は事件が起きた一七年までに強くなり、「死にたいのに死ねない」と周囲に吐露することもあった。そして同年八月に白石と繋がったのだった。

「白石さんに『本当に殺せるの?』、『嘘じゃないよね?』と尋ね、Cさんと出会い、ともに白石さんに会いに行き、二人いっぺんに殺してくれるように依頼した」

その後もAさんは白石に、「私は首絞めでお願いします」や「必ずお願いします」と連絡を入れ、八月二十日の日記には、「殺されてもいいから終わりにしたい」や「殺されるのも死ぬのも怖くない」と記し、二十二日には別の人にも「殺されたい」とメッセージを送り、二十三日の事件当日を迎えた、と弁護人は締めくくった。

学校の課題が極端に苦手だったBさん

続いてBさんについて。

「学校の課題、宿題を期限を守って提出できない。着手しても完成できない悩みがあった。中一の一学期、学校から親に連絡がいき、母がそれを知ることに。母に繰り返し指摘され、『学校に行きたくない』と早退、欠席を繰り返すようになった」

中二以降も同様のことが続き、Bさんがそれらをできないことは周囲も知るところとなり、学校では特別な対応が必要な生徒とされたのだという。Bさんにはそれ以外に欠点がないため、ADHD（注意欠如・多動症）が疑われた。一七年に高校に進学してからもBさんは同じ問題を抱え、一学期に課題を出せなかったために赤点を取り、夏休みに補習を受けることになっていた。やがて自殺関連サイトを多数閲覧するなかで、白石と繋がったのである。

「Bさんが『関東で一緒に死んでくれる人いませんか』とツイートしたところ、白石さんに首吊りか飛び降りのどちらがいいか聞かれ、『首吊りがいいですね。日は明後日がいいです』と返していた。そして八月二十八日を迎え、学校にみずから欠席の連絡をして、白石さんのもとへ。一度帰ろうとするも、白石さんのもとに戻っています」

Bさんの話が出ている最中も、被告人席の白石は目を瞑り、表情を変えない。続いて弁護人はCさんの話を始める。

すべてに行き詰まりを感じていたCさん

「小学校五、六年の頃、高機能自閉症（相手の気持ちがわからない）と診断される。高校に入ると部活動で問題を起こし、部活に行けなくなる。長きにわたって対人関係に悩みを持っていた。高校卒業後、知的障害者支援施設で働く。

Cさんについての原因は三つある。まず仕事。仕事は順調と言い切れず、体力的に大変だった。知的障害者から暴力を振るわれることもあり、二年目に入ってプレッシャーを感じて夜に眠れなくなる。次にバンドについて。音楽好きで、高校卒業後、バンド一本でやっていきたいと希望していた。ただ、バンドリーダーが厳しく、叱られて辛い思いをし、不眠が悪化。そして三つ目の理由は、恋人との別れ。平成二十九年（一七年）六月、二年付き合っていた彼女から別れを告げられ、ショックを受ける。翌日、交際相手に遺書を残し、睡眠薬を大量に飲んで自殺を図る。精神科に強制入院させられ、七月二十九日に退院。仕事もバンドも休むことになり悩む。

八月十三日に駅でたまたま（元）彼女を見かける。電車に飛び込む衝動に駆られたということを母親に吐露している。バンド活動も頑張ろうとしたが、リーダーに『お前の姿勢がなってない』と指摘され、心を徐々に蝕むようになる」

その後もCさんがバンドと仕事の両立に悩み、うまくいかない様子について弁護人は続ける。そして八月二十八日にCさんは白石と連絡を取り、「苦痛は少しあっても構いません」、「この前Aさんにやった方法でお願いします」、「寝落ちしたところを思いきり引っ張ってください」ということを伝えている。

「白石さんに会ったあと、一度帰ろうとするも、死をほのめかすツイートをする。スマホのメモアプリで遺書をしたためる。それを駅のコインロッカーにしまって白石さんのもとへ。命を落とすことになる」

こうしてCさんについての説明を終えると、AさんからCさんまで三人とも原因があり、不安定な精神状況にあったこと、白石に殺害方法、希望日を伝え、みずから白石のもとに向かっており、死の結果が実現されることを想定していたとして、殺人について承諾があったと主張した。

最後に弁護人は、裁判員に対して今後行われる証拠調べのなかで、白石の話が重要だと訴え、「（三人は）それぞれ、最終的には白石さんと二人だけになりました。どういうことがあったのかは聞かないとわからない。おかしいところはないか、おやっと思ったら疑問を解消してほしい」との言葉を投げかけた。

そして裁判長が次回はAさんへの犯行についての審理であることを告げ、閉廷したのだった。

第3回

10月6日

「生きてればそのうち必ずいいことあるだろうし、自殺なんてしちゃだめ」

ロフト付きの部屋にこだわった白石

十月六日に開かれた第三回公判では、Aさんが被害者となった事件の証拠調べが行われた。この日も白石はいつもと同じ服装。黒縁眼鏡にマスクをつけ、腕を組んだまま目を瞑っている。

まず検察官が捜査報告書を読み上げ、Aさんのスマホが発見された状況が説明される。彼女のスマホが発見されたのは、殺害翌日である二〇一七年八月二十四日午前六時四十分。場所は片瀬海岸にある女子トイレ内だった。白石は面会時、私に対してAさんはスマホを（片瀬）江ノ島の駅のトイレに隠したと説明していたが、それはどうやら記憶違いだったようだ。

続いて白石とAさんがカカオトークを使って行ったやり取りが紹介された。八月十三日には、白石との間で次のようなやり取りがある。

白石「意識飛ぶ前に苦しくなりますがいいですか」

Aさん「それならいいです（＊構わないです）。私は首絞めで。必ずお願いします。早く死にたい。火曜の夜までになんとか」

こうしたやり取りのなかには、同事件の被害者であるCさんも登場しており、Aさんは二人がともに自殺を希望していると白石に伝えていた。とはいえ、Aさんの心は揺れ動いていたようで、先のやり取りの二日後となる十五日には、「Cさんが死ぬのをやめたので、私も生きようと思います」とのメッセージを残している。そうかと思えば、その翌十六日に、「私、今日じゃないともたない。何時に家？　我慢できない。木曜夜は無理なの？」という旨の連絡を入れており、精神的に不安定な状態だったことが窺える。

また、白石自身もAさんのヒモになる可能性を考えていたようで、十九日に以下のやり取りをしていた。

白石「いろいろいやなことあると思うけど、生きてればそのうち必ずいいことあるだろうし、自殺なんてしちゃだめ」

Aさん「そうだね。お互いなんとか生き抜こう」

また、この時点でアパートの入居手続きに入っており、十九日から入居前日の二十一日まで、不動産業者の審査や、Aさんから白石への入金、入居手続きなどについてのやり取りが続く。

その後、検察側の証拠として、アパートの賃貸契約に至る経緯が説明され、不動産会社に勤務している従業員の供述が紹介された。そこでは殺人を計画している白石が、首を吊るためロフト付きの部屋に拘泥（こうでい）する様子が語られる。とくに、実際の契約には至らなかった不動産会社の従業員の証言が、部屋を探す白石とAさんの様子を浮き彫りにする。

「白石被告はかなりロフトにこだわっていました。『狭くていいから、ロフトのある部屋がいい』と言っていました。Aさんが『これから頑張って働いてね』とテンションの高い感じで話していました。（中略）八月十九日に二人が来店し内見。Aさんは『わー、キレイ。ここにしよう。いつでも会えるよ』と話しましたが、白石被告は明らかに渋っていました。『ロフトがある部屋がいい』と言い、『（ロフトは）夏は暑くて、意外と使いにくい』と言ったが、『ロフトに荷物を置きたい』と言っていました」

また白石は、Aさんが行方不明になっても、警察が捜査に動かないよう、彼女に「失踪宣告書」を残させているが、その内容も明かされた。それによれば、「仕事が嫌になり、友達と住みたい。1人暮らししたい。自殺は絶対にしません。1人で頑張って、無理になったら戻ってきます」と書かれていた。

Aさんは別の男性にもみずからの殺害を依頼

次に検察官は、Aさんの母親から聴き取った、彼女の生い立ちについての報告書を読み上げる。そこではAさんが中三で転校してから他人とのコミュニケーションが苦手になり、一一年三月に初めて家出をし、リストカットをしていたことが明かされる。その後、精神科のカウンセリングを受けるようになるが、一年経つと通院をやめ、気分が優れないときはオーバードーズ（薬の過剰摂取）をするようになったという。一三年八月にはインターネットで知り合った女性と自殺未遂を図るも、自分だけが未遂に終わり、その後も自殺行為を繰り返すようになるなど、精神的に不安定な状態が続いていた。

こうした話が続くなか、椅子の背もたれに体重をかけた白石は、腕を組み目を閉じている。

一方、弁護側はAさんが所有する日記三冊から抜粋した箇所を証拠として提出した。そこには〈殺してよ、死にたい〉や〈フツーになりたい〉、さらには〈生き方がわからない〉といった文字が並ぶ。

すると白石は机の上に置いていたノートを開き、ペンでなにかを書き始める。とはいえ、文字だけではなく、絵を描いている素振りも見られた。

やがて弁護人は、Aさんが自殺念慮を抱いていたことを想像させる、彼女の友人や交際相手、職場の知人男性の証言を読み上げる。さらに、警察官が報告書として作成した、Aさんとある男性とのツイッターのやり取りも紹介した。日付は彼女が殺害される前日の八月二十二日から、翌二十三日午前六時までのもの。相手の男性は殺人願望を抱いているようで、自分を殺害して欲しいと願うAさんと、殺害方法などについて打ち合わせているものだ。

相手「肉体が欲しいよ」
Aさん「あげるよ」
相手「自殺しないでね。我慢できます？　うまく殺せたらいいけど」
Aさん「たぶん暴れない。暴れたことないから」

といったものや、次のようなものもあった。

相手「夢が首絞めセックスなんです」
Aさん「死ぬならまあいいですよ。薬きくとそんなに動けないので」
相手「首絞めてから自分の願望かなえていきます」
Aさん「それ相応のことをしてもらうので」

その内容を連続して聞くと、相手の男性の妄想がどんどん肥大していくのがわかる。そしてAさんからの返信がなくなり、相手の男性だけが一方的に連絡するという状態になり、やり取りは途切れていた。

Aさんがそれほどまでに死を望んでいたという、「承諾殺人」を想像させる証拠を並べて、弁護側による証拠調べは終了した。

第4回
10月7日

「スリルを感じるなかでセックスするのが気持ちよかった」

Aさんの母「娘が受けたことと同じことを受けてほしい」

第四回公判が開かれたのは十月七日。この日はまず証人尋問が行われた。証人はAさんの母親で、証言台の後ろにはついたてが置かれ、傍聴席からは姿が見えないようになっている。また、白石の座る被告人席の前にも白いパーテーションが立てられ、母親が顔を見られなくて済む工夫がされていた。

検察官が尋問を行い、まず、Aさんが行方不明になる直前まで、母親のほかに兄、兄の娘と同居していたことを確認する。続いて、Aさんが二〇一五年三月頃から食品加工の物流センターで、九時から十八時まで、週五日間働いていることを聞く。母親は、自殺願望を抱いたAさんが、白石と知り合ってからの様子について語った。

母親「食事を摂らなくなって、細くなっているな、と。表情も少し疲れているように見受けられたので、心配はしていました」
検察官「Aさんからなにか話は？」
母親「少し疲れているという話はありました。仕事を続けるのが負担なら、仕事はしばらくやめて家で過ごしたら、やめても構わないよと伝えました」
検察官「Aさんの反応は？」
母親「『うーん、でもちょっとやってみる』と言っていました。ギリギリまで無理しないでねとは言いました」

母親によれば、近年は八月の中旬頃になると、Aさんの精神状態が不安定になっていたのだという。

母親「江の島での自殺未遂があったときの子の命日なので、そういうときに不安定になります。ろれつが回らず、ラインが文章になっていないことがあった。ただそれは毎年のことで、見守るしかないんです」

母親がAさんと最後に連絡を取ったのは、事件当日である八月二十三日のこと。Aさんからラインでその日の午前中に、「明日の夜、仕事終わったら帰るね」との連絡があり、十六時過ぎに、当時の交際相手が家まで送ってくれると思うから大丈夫だと、ふたたびメッセージが入り、「(送りが)無理そうならバスで帰る」と、母親の迎えはいらない旨を伝えていた。

だが、それ以降は連絡が途絶え、ラインも既読がつかなくなったのである。そして、二十五日にAさんの部屋を見て回ったところ、手帳に挟まった「失踪宣告書」が見つかったのだと語る。

そのくだりを母親は涙声で話すが、白石は腕組みをしたまま目を瞑り、微動だにしない。

検察官「最後に、被告人に対してはどう思ってますか?」

母親「私は家族がいなくなった。いますぐにでもこの世のなかからいなくなってほしい。娘が受けたことと同じことを受けてほしい」

悩みや問題を抱えた女性のほうが口説きやすい

この日は午後から初めての被告人質問が行われた。最初は弁護人による被告人質問だったが、白石は弁護人の問いかけにまったく答えようとしない。

弁護人「今年八月の面会では、弁護士の質問には一切回答しませんという方針を出されましたが、その考えは二カ月経って変わっていますか？」
白石「いいえ、変わっていません」
弁護人「質問には答えないと？」
白石「答えるつもりはありません」

このことから、弁護人による被告人質問は六分間で終了し、裁判長は休廷を宣言した。その間の進行協議を経て、今日は弁護人による質問は一旦終了することにし、検察官による被告人質問となった。すると白石は、先ほどまでとは打って変わり、はきはきと答える。

検察官「上申書には、おカネと性欲を満たしたかったので九人を殺しました、と。間違いありませんか？」

白石「はい、間違いありません」

検察官「なぜ、すぐに犯行を認めたのですか？」

白石「遺体の処理、引っ越しなどをして、証拠隠滅の手段を考えていたのですが、その前に警察官が来てしまい、諦めてすべてを白状することにしました」

白石によれば、遺体を処理したあとであれば、完全に黙秘するつもりだったが、そうでない状況で捜査員が部屋に踏み込んで来たため、諦めてしまったという。その証言に続いて、彼は検察官に問われるまま、被害者の承諾もなく相手を殺害し、遺体を解体。女性には全員、強制性交したことを認めたのだった。

続いて白石の経歴についての質問がされ、私との面会時に話していた内容と同じ職歴が語られる。その後、スカウトをやっていて職業安定法違反容疑で逮捕され、保釈後に実家で父親と二人暮らしをしながら、倉庫内での作業アルバイトをしていたとのこと。

検察官「久しぶりの実家暮らしはどうでしたか？」

白石「もともと父との折り合いが悪く、家を出たので、家には居辛かったですね」

白石は、実家から早く出たいと願っており、SNSで女性と知り合って、ヒモになりたいと考えていたことを口にする。

検察官「ヒモになる相手について、どうやって知り合おうとしましたか？」
白石「ツイッターを使ってキーワード検索をして、主に弱った女性を……。『疲れた』、『寂しい』、『死にたい』とつぶやいている人をフォローしたり、DMを送って繋がろうとしました」

そうして弱った女性を狙ったことについて、白石は「なにか悩みや問題を抱えた女性のほうが口説きやすいということが、経験でわかっていました。自分の言いなりに操作しやすいですから」と語る。

自殺を手伝うつもりはなかった

一七年五月末に執行猶予付き判決を受けた白石は、直後に倉庫でのアルバイトを辞め、ツイッターで女性とやり取りをしたり、家でゴロゴロする生活を送るようになる。また、同年の夏頃には月に二、三回の割合で、公園などでの野宿生活も送っていたようだ。

検察官「そこまで父親とは折り合いが悪かったの？」

白石「はい。父の指摘はすごく真っ当なもので、罪を犯したことで、女の子にも、女の子の親にも悪いことをしたと言われ、自立を促すためにも仕事を探しなさい、すぐに家から出て行きなさいと言われ、家に居辛いと思いました」

検察官によれば、白石は判決が出た五月から八月の間に、「包丁、首」や「殺し方」といった語句で検索した殺人サイトを閲覧していたという。その理由について、これまでに明かされていない話が出てきた。

白石「当時私は、スカウトで知り合った仲間にカネの貸し借りがありました。それを解消せずに捕まったので、見つかったらなにかされるかもと思い、包丁を持ち歩いていました。いざ刺し違えたときにどう使うかを調べていたんです」

また白石は、六月十一日から「死にたい、ＳＮＳ」や「首吊り動画」という語句での検索を行っていたが、その時期に殺人に興味があったわけではなく、「自殺願望のある女性を口説くには、私自身にも首吊りの知識がないと話についていけないので、勉強のために」ということだった。そのためAさんと出会った際に、彼自身が自殺志願者を装ったのは、「Aさんは希死念慮が強いほう。自分も死にたいように装うことで、Aさんの信頼を得やすいと思った」と語っている。

つまり当初は、Aさんと親密になり、ヒモになることが主目的であり、殺人は考えていなかったということだ。実際、白石は検察官に対して次のようにも言っている。

白石「二人（AさんとCさん）が自殺したら、関係者になりたくないので、ほんとに死んだら立ち去るつもりでした。執行猶予がついていたので、（事件に関わると）実刑になるので、自殺を手伝うつもりはなかった」

ただし、実際にAさんと親しくなり、部屋を借りるために彼女が現金を融通してくれるようになると、白石のなかに変化が現れる。

検察官「（借りた部屋は）なぜロフト付きなのですか？」

白石「貯金が欲しいという意思も生まれていて、もし最悪の場合、この時点では口説いて（カネを）引っ張るか、殺して引っ張るかは考えていないが、殺すにはロフトがいいと思ってました」

また白石は、犯行四日前の八月十九日に、Aさんに自殺を止めるメッセージを送っているが、その理由について以下のように述べる。

白石「口説いて距離が近くなって、個人的に死んでほしくないという気持ちと、カネづるとして死んでもらうという気持ちが入り交じって、送ったと推察します」

結果、白石はAさんに自分以外に男がいると考え、借金の返済義務から逃れるために、彼女を殺害する方向に傾いたのだった。

耳を覆いたくなる内容に被害者関係者が退出

白石「本当にやると決めたのは、ホームセンターで解体道具を買うときです」

白石が解体道具を購入したのは犯行当日の八月二十三日である。だが、その後の検察官とのやり取りで、彼は八月二十日時点で、Aさんの殺害と解体を決意したと話している。つまり二十日に殺害、解体を決め、二十三日にその意思が揺るぎないものになったということだろう。

やがて質問内容は、Aさん殺害時の状況に及ぶ。

白石「Aさんはいつも通り、定期的に飲んでいた薬を飲んだり、酒を飲んだりしていて、効いてきたなと思ったタイミングでいきなり襲いかかりました。背後から押し倒して、馬乗りになり、首を絞めました。雑巾（ぞうきん）を絞るようにして首をねじりました」

白石の証言ではAさんは本気で抵抗するが失神してしまう。そして彼は彼女に対して強制性交を行うのだ。失神した女性との性行為は初めてだという白石は語る。

白石「悪いことをしているからか、自責の念から心臓がバクバクし、スリルを感じるようなものでした。スリルを感じるなかでセックスするのが気持ちよかった。レイプをしている感覚が自分の興奮に繋がりました」

検察官「Aさんが目を覚ますことは？」

白石「なかったです」

そして歪んだ欲望を満たした白石は、冒頭陳述にあった通りの方法でAさんを殺害したのだった。

白石「一時間放置しました。吊って数十秒後に痙攣し、失禁した。三十分から六十分後に体が冷たくなっていき、目を開けてみて反応がなかった。胸に手を当てて、心臓が動いてないことや、体温が冷たくなっていることを確かめました」

その後、白石は遺体の解体について詳細な説明を始めた。耳を覆いたくなる内容に、被害者参加人席から関係者数人が立ち上がり、退出しようとしたため、裁判長は数分間、審理を中断した。

再開後、白石は遺体の解体についてふたたび話を始め、解体には丸二日ほどかかったこと、切り分けた遺体はゴミ袋十袋ほどの量になり、クーラーボックスに保管した頭部を除いて、近所のゴミ集積所二カ所と、コンビニのゴミ箱三カ所に遺棄したことを明らかにした。

Aさん殺害後、白石はクーラーボックスを買い足しているが、その理由について問われ、次のように答えている。

白石「継続的に女性を呼んでレイプし、カネを得る方針を立てたからです」

検察官「なぜ？」

白石「Aさんの件で約五十万円と部屋が手に入り、いざやってみると殺人と損壊が意外とうまくいって、次もやれる自信があったからです」

検察官は最後に確認するように、密室の事件であるのに、通常より刑が軽くなる同意殺人を主張しないのはなぜかと質問した。

白石「逮捕されたときに九人を殺害し、かつ男も含まれていました。もう九人解体し、頭部が部屋にあったので、同意がある、カネをもらって頼まれたと言っても、到底受け入れられないと思いました」

第5回
10月8日

「正直、殺してもバレなければ良いと思ってました」

弁護人の質問に答えない理由

十月八日に開かれた第五回公判では、前日に続いて白石への被告人質問が行われた。弁護側の問いかけに対して、憮然とした表情で「答えるつもりはありません」と無視を貫いた白石の反応が注目されるなか、ふたたび弁護人が質問を始める。

弁護人「白石隆浩さん、この裁判で自分に死刑が求刑されることをわかってますか？」

白石「…………」

この日も白石はまず無反応で対峙した。弁護人はさらに言葉を加える。

弁護人「聞こえていないのか、答えるつもりがないのか、判別がつきません。聞こえていますか？」

白石「質問は聞こえていますが、弁護人の質問に一切答えるつもりはありません」

それ以降、交代した弁護人が白石に対して、Aさんとの行動について、順を追って二十五問以上の質問を重ねるが、弁護人が質問の最後に付ける「答えませんか？」との言葉に、白石は「はい」とだけ繰り返す。そこで最後に弁護人は切り出した。

弁護人「このあいだ、白石さんとは接見していますよね。公判前は一週間に一回は話をしていますが、憶えていますか？　公判が始まってからも、ここの地下で朝と昼休みに会ってますよね。そのときは私と普通に話をしているじゃないですか。違いますか？」

白石「時間の無駄なので答えますが、親族に長々と迷惑をかけたくないので、それぞれの事件を争わず、簡潔に公判を進めてくださいとお願いしたところ、O弁護士はわかりました、と。それで選任し、A（弁護士）、K（弁護士）、M（弁護士）が加わり、私の希望に合わせますということで、公判前整理手続きに入りました。ところが、争いますといきなりなって、話が違うと言ったが、受け入れられなかった。裁判所に解任を申し出たが、受け入れられなかった……」

白石はこれまでの流れを説明し、仕方なく弁護人を受け入れていると話したうえで、裏切られた状態であることに対し、「正直、いまも根に持っています」と締めくくった。

首を吊った死体に見せかけようとした

続いて、検察側による被告人質問となった。検察官がAさんとの行動について質問をすると、白石は先ほどまでとは打って変わって質問に素直に答える。そのなかで白石は、Aさん殺害に〝首吊り〟を選んだ理由について触れていた。

検察官「首を絞めたあと、動かなくなってから、なぜロープで吊ることにしたのですか?」

白石「当時はいろいろな着地点を考えていて、バレたときのことを考えていました。山で(死体を)遺棄したあと、発見されたときに付近で首を吊った死体に見せかけようとしました。首を絞められたのではない死体であると見せようと、画策していたためです」

このような検察官による十五分程度の被告人質問が終わると、裁判員と裁判官による質問が続く。まず裁判員のひとりが尋ねた。

裁判員「Aさんを殺害することについて、八月二十日くらいまで迷われていた。最終的に殺害しようと思った、具体的なきっかけはなんですか？」

白石「何点かあります。まず、Aさんに私以外にも男性とお付き合いがありそうな雰囲気があったこと。あと、二度目のホテルで性交渉を迫ったら断られたこと。ほかには、かつて女性からカネを引っ張ろうと思ったとき、短期でできても長期的には無理だと思ったからです」

裁判員からはほかにも、遺体をすぐに遺棄しなかった理由などについて尋ねられ、白石はこれまで遺棄についてインターネットで調べていたが、そのなかで発覚しやすい状況として、遺棄の移動途中、埋めている最中、埋めたあとに遺体が出てきてしまうなどの情報があり、「（遺体を）埋めに行くのを躊躇（ちゅうちょ）していたら、逮捕を迎えてしまったというのが、正直な事実です」と答えている。

一方、裁判官からは白石がカカオトーク内で「しょう（表記不明）」と呼ばれている理由について質問があり、白石は「偽名を使いました。ネットで検索すると、ツイッターで私の名前が晒されていたので……」と回答。さらに、己の犯行への関わりが露呈することを防ぐため、Aさんに対する「失踪宣告書」の作成以降のやり取りは、繋がりの痕跡を目立たなくするように依頼していたことも明らかになった。

また、Aさんを殺害した理由について「（Aさんから借金の）返済を求められてからだと恐喝になる。私は当時、執行猶予の判決が出ていたので、恐喝が加わると実刑判決になってしまう。そうなる前に殺してしまおうと考え……」と話す白石に対し、裁判官が「殺すと殺人になり、罪は重くなる。なぜ殺すことにしたのか？」と問いかけた。すると白石は「Aさんが普通に暮らしているなかで、借金の返済を求められたら、警察にも相談するだろうし辛い。正直、殺してもバレなければ良いと思ってました」と返し、その言葉に続いて、「バレない自信があった」と答えている。

また、Aさんを実際に殺害する前にはためらいがあったとしながらも、次のように言う。

白石「スカウトの仕事をしているときに、本番行為のある店に女性を紹介することを日常的にやっていました。バレなければいいというのが自分のなかに根付いていて、今回もバレなければいいやという気持ちでやりました」

この裁判官による被告人質問のなかでは、殺害したAさんについて、白石は初めて悔悟の気持ちを吐露している。

裁判官「Aさんに対してどんな思いを持っていますか？」

白石「Aさんとは正直、一緒にいた時間が長かったので、ひどいことをしたと後悔しています」

だがその後の、裁判長による殺害方法の選択についての質問では、以下のようなやり取りを見せた。

裁判長「殺害方法で首を絞めてからロープで首を吊ったのは、検察官の質問に対し、捜査の手から逃れるためとありましたが？」

白石「人を殺す方法をネットで検索していて、首を絞める、（水に）沈める、失血させるなどがありましたが、首を絞めるのが一番簡単でした。ただ、十分以上全力で絞める必要があるとネットに載っていて、それはきついので、ロフトに吊るしたほうが楽に行えると思いました」

そして、そのためにロフト付きの部屋を選んだことを、白石本人も認めたのだった。

Bさんの母「最低でも死刑に」

休廷を挟んでの午後の審理でも、白石への被告人質問は続く。そこで白石は、検察官から被害者九人全員が殺害に同意していたとの認識はなかったかどうか問われ、「全員同意していたという認識はなかった」と、被害者全員の同意がなかったことを認めている。

その後、弁護側が質問することになったが、白石は変わらず無言を貫き、弁護人は「今日は答えてもらえないので、ここまでにします」と口にし、被告人質問は終了した。

続いて検察側によるBさん事件についての証拠調べが始まった。そこではBさんが使用していたラインやツイッターの解析情報、さらには白石との送受信履歴や彼女の行動履歴が明かされ、Bさんが自殺を志願し、相手を探してさまよう様子が見てとれる。

Bさんの母親の調書によれば、一人っ子の彼女は「小さい頃から人を思いやる優しい子」で、中学時代には演劇部で副部長を務めており、「人見知りで年下と関わるのが苦手だが、後輩の面倒をよく見ていて、信頼されていた」とのことだった。だが、中学時代から検察側が冒頭陳述で取り上げた、学校での宿題などの提出物を期限を守って出せなかったりする、ADHDを疑わせる症状が出るようになった。しかし、「病気なのではと思ったが、病院に行くとその病気に甘えると思ったので行かなかった」という。

Bさんの母親は調書のなかで訴える。

「Bが犯人に対して『生きていこうと思います』とラインしていたことを知ったときは、やっぱり生きたかったのだと思いました。Bが大学生になっていたら恋愛話などもできたかもしれない。娘の未来を奪った犯人は最低でも死刑に。娘は帰ってこない。娘を返してほしい。もう一度会いたい」

またBさんの父親の調書も読み上げられた。

「Bが殺されたことを知ったときは、見つけてあげられなくてゴメンと思いました。（中略）犯人に対しては『許さない』の一言。犯人が死刑にならないのであれば、いけないこととはわかっていますが、私が殺しに行きます」

父親のこの言葉が読み上げられる間も、白石は両膝に両肘をついて、前かがみで手元の書類を見ていた。

　その後、Bさんについての弁護側による証拠調べが行われ、彼女の中学の担任や高校の副担任の調書、さらに中学での友人の調書や、彼女の携帯電話データを解析した結果などが読み上げられ、この日の審理は終了した。

第6回

10月12日

「レイプをした場合は生きて帰さないと決めていました」

女性と会う目的がデートからレイプへと変化

前回から四日ぶり、十月十二日に開かれた第六回公判。この日はBさん事件での被告人質問が行われることになっている。

まずは弁護側による質問なのだが、今回も弁護人が質問を切り出すものの、白石は無言を貫く。そこで裁判長が、答えるつもりがないなら、そう表明するようにと促すと、白石は「わかりました。答えるつもりはありません」と返答するに留まった。

続いて検察側による質問となり、検察官が、Aさん殺害後に女性と会う目的で変化したことはあるかと質問する。

白石「Aさんの殺害後、女性を自分の部屋に呼び込んでレイプしたいという願望が生まれました。それまでは相手と会ってデートしたいというのが目的でしたが、できる限り私の部屋に連れ込むというのが目的になりました。おカネになりそうであれば口説き、なさそうならば性欲を満たすためにレイプする」

検察官「殺害については？」

白石「考えていました。Aさんの（殺害）方法が楽だったため、同じ方法でやるのがいいと思ってました」

その後、白石はBさんを部屋に誘い込むまでのくだりを説明するが、そこでは白石なりに、スカウト時代の経験則に基づいた配慮と工夫があったことが窺える。

たとえば自殺の方法について、「練炭がいい」と言うBさんに対し、白石は「（練炭自殺は）苦しい」と返信していた。その理由について彼は、「練炭は部屋に用意がなく、説得力がなかった」と説明している。また、当初の待ち合わせ場所を自宅近くではない町田駅にした理由について、「Bさんが住んでいる場所が遠いので、（白石の部屋がある）相武台前駅には来づらい。イヤになるのを防ぐためでした。途中で相武台前駅に変えていいか連絡し、来てもらう予定でした」と答えている。

犯行当日、最終的にBさんを相武台前駅に呼び出した白石は、「殺害したときに私と一緒にいた痕跡が残らないように」との本心を隠し、Bさんには「お互いの親に迷惑がかからないようにするため」との言葉を使って、「私についてきてください」と、互いの距離を空けるようにして、近くの公園へと導いている。そこでBさんの悩みを聞き、彼女の外見を褒めるなどして口説こうとしたが、うまくいかない。やがて、「やっぱり帰ります」という彼女に白石はラインで電話をかけた。

白石「電話では、Bさんの家出願望を利用して、『私がしばらく養ってあげるよ』と、私の部屋に来るように話しました」

検察官「なぜそんな電話をしたのか?」

白石「Bさんをレイプするためです」

北関東からわざわざ来ていたBさんは、家出の環境を提供するという白石の誘いに乗ってしまう。そして白石はAさんのときと同じく、Bさんに対して江の島まで行き、携帯電話や身分証を海に捨てるように促したのである。Bさんは携帯電話を海に捨てることこそなかったが、白石の言う通りに途中で着替えをして江の島まで行き、白石宅に戻っていた。なぜそのようなことをさせたか問われた白石は、「殺害後に私のもとに痕跡が残らないようにするためでした」と答える。

検察官「会う前から（Bさんの）殺害は決めていた？」

白石「会う前は殺すつもりはなかったです」

検察官「この日の殺害はいつ決めた？」

白石「会って公園を巡っているときに、貯金や収入がないとわかった。まだ若いからおカネにならないと思ってレイプすることにしました。私の家に誘い出し、失踪を装ってAさんと同じ手口で殺害しようと思いました」

高校生Bさん殺害の詳細

白石の部屋に戻ってきたBさんに対し、白石は彼女の悩みを聞きながら、「これを飲むと気分が楽になる」と酒や睡眠導入剤などを飲ませていた。それが効いてきたところを見計らって殺害したという。

検察官「Bさんになにをした？」

白石「Bさんの背後から胸を触るなどした。そうしたら、『やめてください』と振り払われたことを憶えています」

検察官「その後は？」

白石「首をつかんで押し倒して馬乗りになり、両手で首を絞めました」

一分ほど抵抗して意識を失ったBさんに対して、白石は強制性交を行う。その最中には、Aさんのときと同様に「スリルを感じた」と語る。欲望を満たした白石は、Bさんの鼻と口にガムテープを貼り、手足に結束バンドを巻いてから、ロフトのはしごにかけたロープで作った輪に首を入れて吊るし、殺害したのだった。三十分から六十分してからの死亡確認、遺体の解体といった手順はAさんのときと同じだ。

検察官「Bさんは殺害を同意していた？」

白石「同意していませんでした」

喉が渇いたのか、白石は水を所望する。裁判長はその流れで休廷を告げた。

午後になり審理が再開されると、ふたたび検察側による被告人質問が行われた。そこでは殺害時の状況や遺体解体の手順が語られる。それらはAさんのときと同様で、切り分けた遺体を、ペットシートや新聞紙にくるんで廃棄したという。続いて白石がBさんから数千円を奪っていたことについて、検察官は聞く。

検察官「相手は未成年。人を殺して数千円ですが、それでもよかったのですか？」

白石「私のなかで一番の目的は性欲を満たすことだったので、数千円でもよかったです」

殺されなかった二人の女性

やがて弁護側による再質問の番となった。当初、無言を貫いていた白石だったが、「はい」や「覚えています」といった言葉を発しているうちに、徐々に質問への回答が混ざってくるようになった。

続いての裁判官による被告人質問では、白石がBさんを失神させたうえで姦淫したことに触れ、それは当初の計画通りかと聞いている。

白石「そうです。これからもう殺害するということで、AVのような痴漢のようなことをしてみたい願望が起き、どんな反応をしてみるのかと思い、実際にしました」

そう語りながらも、定期的にカネになるのならばレイプはしなかったと嘯く白石は、彼の部屋にやって来て殺害しなかった女性の存在について、公判内で初めて触れた。

白石「この期間中、仮称でXとYさんとしますが、別に知り合って、部屋に来て、おカネをもらった女性もいます。現金をもらったり、洋服を買ってもらったりしました」

裁判官「その人たちとは性行為もしているのですか？」

白石「したり、していなかったり。その人に合わせていました」

Xさんと Yさんも元々は自殺願望があるということで集まったが、白石は彼女たちに対し、カネを引っ張る方向で考えていたという。なお、これは白石が私との面会時に語っていた、殺害していない三人の女性のうち、二人についてのことである。

裁判官「おカネにならない場合はレイプするのが目的ですか？　レイプをしたら生きて帰さないのが前提ですか？」

白石「はい。通報されてしまうので、レイプをした場合は生きて帰さないと決めていました」

殺害しなかったXさん、Yさんと出会った時期について、白石は「Xさんは Aさんの事件から逮捕まで。Yさんは九月初旬から中旬にかけて連絡を取っていた記憶がある」と話している。この説明から、Xさんは私との面会時に白石が話していた三十二歳のマッサージ師の女性・Xさんで、Yさんは二十二歳くらいの関西から来たキャバクラ嬢・Yさんであることがはっきりした。

この日の公判では、被告人質問に続いて、被害者中、唯一の男性であるCさんについての証拠調べも行われた。

そこでは白石とCさんとのラインの通信内容やCさんの所持金の発見状況、さらには第二回公判の冒頭陳述で述べられた、Cさんの生い立ちなどがなぞられる。

最後にCさんの父親の供述調書にある、思い出や処罰感情が、検察官によって読み上げられた。以下、その後半部分を抜粋する。

「心の優しい子でした。犯人のことは絶対に許すことができない。ひどい殺し方をし、ゴミ同然に捨てていた。強い憤りを覚えている。真実を語る責任と同時に、極刑をもってその罪を償ってほしい。極刑に処されることを強く望みます」

この言葉を、白石は腕を組み、目を瞑りながら静かに聞いていた。

第7回
10月14日

「遺体損壊や遺棄の知識を得たかったからです」

「ちゃんと生きていきます」と白石に送ったCさん

十月十四日に開かれた第七回公判。白石の服装はこれまでと変わらぬ、ペパーミントグリーン色の拘置所で支給された上下だ。拘置所での面会時もそうだったが、公判でもこの服装でずっと貫くことが予想される。

この日はまずCさん事件についての弁護側による証拠調べが行われることになっていた。弁護人が最初に取り上げたのはCさんの友人男性の供述調書。

彼はCさんと事件の前である八月十七日に一緒に飲んでいた。その席でCさんから過去の自殺未遂について聞かされており、Cさんが Aさんとともに白石と会った、八月十五日のことについても聞いていた。

その日Cさんは、「自分はサークルに参加した」ということと、「死にたいけど実行できない人を助けたい人（白石）がいて、死にたいと思っている女性（Aさん）とどっかの森に行った」と話していたと供述している。

また、この友人にはその後もCさんからラインが届いており、それは「また飲みに行こう。お互い頑張ろうぜ」とのメッセージだった。そのため、「Cはそう言ったし、本気で自殺しようとしていたとは思わない。犯人には本当のことを話してほしい。犯人がきちんと処罰されることを願っています」との言葉で調書は締めくくられていた。

その後、弁護人はCさんのライン履歴、事件前の精神状況、スマホ内のメモ、ツイッターの投稿履歴などを読み上げる。そのなかには、八月二十九日にCさんが白石に対して、「ありがとうございます。俺、これからはちゃんと生きていきます」とのメッセージを送り、それを受けて彼を励ました白石が、「せっかくだしご飯食べる？」と、翌三十日未明の犯行を企図して誘い出し、Cさんが「そうしましょう」と同意するメッセージのやり取りも残されていた。

続いてCさん事件についての被告人質問となり、弁護側がまず質問に立つ。

弁護人「今日はCさんの関係で質問します。AさんやBさんのとき、先に検察官の質問に答えてもらうかたちになりましたが、今日はどうしますか？」

白石「弁護人の質問に答えるつもりはありません」

白石が低い声でボソッとそう答えたことから、弁護側は質問をそれ以上続行せず、代わって検察側が質問を行うことになった。

Aさんの事件の口封じがしたかった

検察官「Cさんを殺したことに間違いはありませんか？」

白石「はい、間違いありません」

検察官「なぜ殺したのですか？」

白石「大きな理由は二つあります。一つはAさんの事件がCさんの口からAさんの遺族に漏れないように証拠隠滅をするため。もう一つはCさんの所持金を奪うためです」

これらのことに加え、白石はCさんが殺害を承諾していなかったことを認めた。当初はCさんが自殺を希望しており、白石は彼が自殺することを望んでいたが、徐々にCさんの心境が変わってきたため、方針を殺害に切り替えたというのが、一連の流れのようだ。

白石「当初の狙いはCさんにそのまま強い自殺願望を持ってもらい、死んでもらうか、殺害するかを考えていましたが、悩みを聞いていたら、Cさんがすっきりしてしまった」

検察官「そのあとは？」

白石「Cさんは帰ろうとしています」

そこで先の弁護側の証拠調べで出てきたやり取りにあったように、白石はCさんを食事に誘い、彼がみずから失踪したように見える行動を取らせるべく仕組み、最後は殺害することを企図したのだった。

検察官「Cさんと再度合流したあとはどんな話をしましたか？」

白石「なんとかCさんを失踪させる理由を考えたときに、仕事がイヤだと言っていたので、新しい仕事を紹介してあげるよという方向に。女性にも飢えていたので、スカウトかホストの仕事を勧めた記憶があります」

その後、Cさんは白石の勧めに従って、AさんやBさんと同じく、携帯電話や身分証明書を捨てるために江の島へと向かう。ただしそれは〝フリ〟で、実際は海老名駅に立ち寄り時間を潰し、同駅のコインロッカーにそれらを預けてから、「捨ててきた」と偽って白石宅へと戻ってきたのだった。

遺体の臭い消し方法を模索

白石とCさんは部屋でウイスキーをコーラで割って飲んだという。そこでは白石がCさんの仕事やバンド活動での悩みを聞き、スカウトの仕事内容を説明していた。

検察官「どうやって殺害しましたか？」

白石「Cさんが少しだるそうに、眠そうにしていたので、背後にまわって、首を腕でいきなり絞めました。左腕をあごの下に、右手で絞めるように」

白石はそのときの腕の位置を再現する。また、法廷内のモニターには白石による実況見分時の再現写真が表示された。

検察官「そのときのCさんの反応は？」

白石「手を上下に動かし、私の頭部を叩いたり、髪をつかんだりしました。それでも構わず絞め続けました」

Cさんが失神するまで抵抗は二、三分間続き、その後白石は鼻と口にガムテープを貼り、両手足を結束バンドで固定。そして、これまでと同じように、ロフトのはしごにくくりつけたロープの先に作った輪に首を入れ、吊り下げて殺害していた。

法廷内のモニターには、Cさんを吊った際の様子について、人形を使って再現された写真が映し出される。

検察官「写真ではロープと首の間にタオルが巻かれているが、なぜですか？」

白石「山に埋めた際に、ロープの結び目で絞殺の可能性などが浮上するのを防ぐためです。九人全員に確実にしたわけじゃないですが、確実に数人にはしました。Cさんに確実にそうしたかは憶えていません」

白石はこれまでと同様に、遺体を解体する様子についても詳細に証言した。そこでは肉を骨からこそげ落とす際に鍋で煮たことが語られており、これまでは臭いの処理でニンニクを使っていたが、Cさんについてはカレーや中華スープを使ったことが明かされた。ただし白石によれば、「(ニンニクとの) 違いは出ず、臭いは消えなかった」とのことだった。

検察官「当時、『日本で起きた食人事件』を閲覧していたのはなぜ?」

白石「遺体を解体するときに、似たような事件がほかにないのか、どんな手口でやっているのか、なぜ捕まったのか、遺体損壊や遺棄の知識を得たかったからです」

検察官「Cさんの遺体を食べたということはありましたか?」

白石「ありません」

ほかにも白石は、犯行翌日の八月三十一日に、『何人殺せば死刑』というサイトを閲覧していたことを検察官に指摘されたが、次のように答えている。

白石「もう三人殺害してしまっているので、捕まったら自分がどうなってしまうのか、知るために検索しました」

第8回
10月15日

「『これから死にます』や『殺してください』という言動はありませんでした」

白石の言動にCさんは疑問を抱いていた

十月十五日の第八回公判では、Cさん事件についての被告人質問が行われた。手を太ももの上に置き、首を若干傾げている白石は、この日も最初のうちは弁護側の質問に対して答えようとしない姿を見せた。ただし、途中から少しずつではあるが、言葉を返すようになってきた。

Cさんが殺害される前日である二〇一七年八月二十九日に、白石と合流したときの様子について、「なにか悩んでいるような感じがしました」という言葉に始まり、次のようなやり取りになった。

弁護人「（Cさんとは）どう死のうかという話には発展しなかった？」

白石「発展させようとしましたが、Cさんの話を聞く流れになりました」

その後も弁護人の質問に対して白石は答え、Cさんの遺体の頭部から薬物が検出されたことや、しかし、その薬物について白石には記憶がなく、誰のものであるかはわからないことなどが明らかになった。

また、白石がCさん殺害後に彼の所持金約五千円を奪ったことについて、前日の被告人質問で白石が「一つの遺体を処分する金額がわかるようになっていて、五千円くらいで済むので……」と答えていたことに触れ、以下の言葉が交わされた。

弁護人「『遺体の解体に五千円かかる』と言っていましたが、Cさんを殺して五千円を盗ってもプラスにはならないのでは?」

白石「はい。でも証拠隠滅が目的なので」

弁護人「おカネを盗る目的はなかったのですか?」

白石「所持金は盗る予定でした」

このあと、質問者が別の弁護人に代わったことで、白石が相手に抱く個人的な感情によって、質問に答えるかどうかを決めていることが露呈する。

弁護人「薬について、Cさんが部屋に戻って来て、自分で飲んだかどうかは憶えてないのですね？」

白石「申し訳ありませんが、あなたは信用できないので黙秘します」

弁護人「処方された薬がCさんの遺体から検出されています。白石さんはほかの人にも処方されたデパス（抗不安薬・睡眠導入剤）は無理に勧めなかった？」

白石「黙秘します」

白石の態度が頑（かたく）なことから、弁護人の質問はこれで終了し、続いて検察側の再質問を経て、裁判員と裁判官の質問となった。まず裁判員が聞く。

裁判員「八月二十九日にCさんから『ちゃんと生きていく』とラインが来たあと、（食事をして）失踪の指示をしましたが、これに対してCさんから疑問や質問はなかったのですか？」

白石「ありました。なぜこういったことをするのかとストレートに聞かれ、『いま勧めている職場やバンドメンバー、またホストの仕事をするにしても急に飛んだら迷惑がかかるし、追われるのも嫌だよね。だったら失踪しちゃえば』と納得させました」

殺人の要請は「なかった」

続いて裁判官による質問では、白石がCさんの信用を得るために我慢強く彼の話を聞き、Aさんとの関係についての〝口封じ〟のために、Cさんを殺害する機会を窺っていたことが明かされた。またそう考えるようになったきっかけは、Cさんから「Aさんの母親から連絡があった」との報告を受けたことだった点も、白石は口にした。

白石「Aさんの母とのやり取りがわかったあとは、どういったかたちであれ、Cさんを死亡に追い込もうとしました」

白石は犯行前日にCさんが、もし食事の誘いに乗らずに帰ったとしても、「Aさんの証拠隠滅は必ずしよう」と考え、後日誘い出して殺すつもりだったと語る。というのも、彼はCさんからAさんの母についての報告がある前は、Aさん殺害が発覚する可能性について、微塵（みじん）も考えていなかったというのだ。

白石「Aさんは失踪手続きをしっかり踏んだうえだったので、これだけやれば警察が来ないと自信がありました」

その後、裁判官からAさんとBさん殺害の動機について、改めて質問された白石は、次のように答えている。

《Aさんについて》
「目的は、預かっていたおカネの返済義務をなくすこと。Aさんは彼氏がいないと明言はせず、かつ男の影がなんとなく感じられた。また過去に（別の女性から）おカネを引っ張ったとき、長期的に引っ張るのは難しかった。（Aさんを）口説ければうまくいったかもしれないが、口説く自信がなかった」

《Bさんについて》
「話しているうちにレイプしたくなった。レイプして生きて帰したら、通報されて捕まると思った」

裁判官による質問を終えて、弁護人による再質問になった際、先ほど白石が回答を拒絶した弁護人から、再度確認する問いかけがなされた。

弁護人「裁判官からAさん、Bさんを殺した動機が腑に落ちないとありました。暴行などの前科がないあなたが、いきなり殺人をした。Aさんとのやり取りからして、本当はAさんから殺害を頼まれたんじゃないですか？」

白石「同じ質問が重なると思うので答えます。私がいきなり殺人をしたのは、執行猶予がついていて、恐喝すると実刑になるのがわかっていたので、おカネを奪ったりレイプしたりするなら、確実に証拠隠滅をしないと、実刑になると思ったからです」

それから少しの質問を挟み、同じ弁護人から、AさんとBさんから「自分の命を失わせてほしい」との承諾殺人の要請があったのではないかと、いま一度問われた白石は即答している。

白石「AさんBさんともに、失踪のあとに私の部屋に来た段階で、『これから死にます』や『殺してください』という言動はありませんでした」

みずからを庇う様子のない白石の率直な発言の数々には、一貫性が感じられた。

第9回

10月19日

「いま、白石さんの心情に漂うのは諦めです」

検察側は「被告人供述は信用できる」と主張

前回から四日後の十月十九日の第九回公判では、Aさん事件からCさん事件までの中間論告と弁論が行われた。

通常、検察官が起訴内容や量刑などについて意見を述べる論告は一回だが、今回の事件は複数の罪で起訴されていることから、裁判員の負担を減らし、論点を整理するために事件をAからC、DからG、HからIと三つに分け、それぞれ証拠調べが終わった段階で、中間的に論告を行うものである。

まず検察側が行った中間論告では、「『各事件の具体的な殺害状況がどうだったのか』が最も重要な判断要素」として、「被告人（白石）の述べる殺害状況からすれば、およそ各被害者の承諾がなかったことは明らか」であると主張した。ただし、「各事件の殺害状況を直接証明する証拠は被告人の供述のみであるため、他の証拠も十分に検討のうえ、被告人供述の信用性を慎重に判断すべき」とした。

まず取り上げたのはAさん事件について。ここで検察側は、Aさんが白石と出会い、殺害され遺体が発見されるまでの流れを時系列で紹介する。そして「客観的事実経過の評価」として次の点を挙げた。

・Aさんは被告人の説得によって自殺を翻意し、被告人と同居するための新居を借り、被告人との新たな生活をスタートさせようとしていた

・同居の翌日、いきなり首を絞められて失神中にレイプされて殺害され、切断された頭部死体として発見

これらのことから、「およそ本件のような態様で被告人に殺害されることにつき、Aさんの真意に基づく承諾をしていたことを窺わせるような事情は認められない」という。続いて「被告人供述の概要」として、これまで白石が供述してきた、「Aさんと初めて会うまでの目的」と、時系列での「Aさん殺害に至るまでの経過」、そして「Aさんの殺害状況等」を挙げていく。

そのうえで、(1)客観的事実経過と符合すること(2)供述に一貫性があり、内容も詳細かつ自然で極めて合理的であること(3)記憶の有無や濃淡を的確に区別して供述しており、虚偽供述の可能性もないこと。以上の三点に照らせば、被告人の供述が十分信用できることは明らかだとして、白石が述べた殺害状況だけでも、Aさんが殺害されることを承諾していなかったことに「合理的な疑いを差し挟む余地はまったくない」と訴えた。

また、「Aさんの入通院歴、日記などからすれば、Aさんには強い自殺願望等があり、元々自分から殺害依頼をして被告人に接近したこと等も考慮すれば、被告人による殺害を想定していたはず」という弁護人の主張に対して、以下の反論をしている（一部を抜粋）。

・弁護人の主張は、信用できる被告人供述に基づく殺害状況とそもそも矛盾
・自殺願望や希死念慮があった事実と、被告人による本件殺害行為を承諾していたかどうかは別問題（↑弁護人の主張は、自殺願望等をことさら強調して、強引に承諾の存在に結びつけようとするもので、論理的飛躍あり）

これらのことから、「弁護人の主張はいずれも理由がないことが明らか」だとした。

検察官による中間論告の読み上げがされている最中、椅子に座った白石は腕組みをして目を瞑りながら、時折頭を片側に傾けるなどして聞いている。

続いてBさん、Cさんについても同じ流れでの検討が行われ、「被告人供述が十分信用できるのは明らか」との結論が出された。

弁護側は〝黙示の承諾〟があったと主張

こうした検察側の中間論告が終わると、次に弁護側による弁論が行われた。

弁護人は逮捕後に殺害と解体を認めた白石が、（被害者の）同意を得ていたと主張しても到底受け入れられないとの心境にあるとして、「いま、白石さんの心情に漂うのは諦めです。承諾殺人は〝黙示の承諾〟も含まれる。だが、明るみにならないまま、この事件が終わってしまう。真理が明らかにされなければいけないと思っている。白石さんの言うことも最大限の慎重さをもって検討しなければいけない」と述べた。

そのうえで、希死念慮と他人に殺されてもいいと思っているのは、別次元のことではないとして、被害者三人が具体的な行動に出ていたことに注目すべきで、「単なる希死念慮だけでなく、白石さんによって願いを昇華させていたと見るべきだと考えます」と訴える。

また、三人が犯行前に薬や酒をみずから飲んでいたことに触れ、「三人とも想定していた状態（白石による殺害）が近づいてきた。Aさん、Bさん、Cさんの目線でいくと、薬と酒を飲んで意識が薄れてきた。そのときが来たら実行に移してくださいと言ってぃた」、そうしたなかで白石が着手したわけで、「（白石が）『いきなりやりました』と言ったとしても、一つの事案をもって承諾がなかったということではないと考えます」と述べた。

さらに検察側は白石の犯行時に、Aさんは五分間、Bさんは一分間、Cさんは二、三分間抵抗したとして、承諾がなかったことの根拠にしようとしているが、弁護士としては、まったく抵抗がなかったというほうが不自然だと考えると主張。「私たちだって、目の前でバットを振り回されたら、条件反射でよけようとしたり、目を瞑るはず」とたとえ、抵抗したことは、あくまで条件反射であるとした。

ほかにも、犯行時にAさんは新生活を、BさんとCさんは失踪を装うという展望を抱いており、自殺の意思を明確に撤回していたという検察側の言い分に対し、「翻意していたから承諾はないのか？」という疑問を呈すなどして、被害者の内心に〝黙示の承諾〟があったと訴えて、弁論を終えたのだった。

第10回
10月21日

「（甲さんは）私が鍋で骨を煮ているシーンを見ています」

Dさん殺害時には白石は〝慣れて〟いた

十月二十一日の第十回公判では、四人目から七人目の被害者となった、DさんからGさんまでの四人についての審理が始まった。

まずは検察官による冒頭陳述で、Dさん事件が取り上げられる。Dさんは当時十九歳の大学二年生。埼玉県内で両親と同居する一人娘だ。両親への聴取によれば、過去に何度か家出をしたことはあるものの、数日後には帰宅していたとのこと。彼女が殺害されたのは九月十六日の未明とされるが、事件後に友達とイベントに参加する予定があったという。

犯行に至る経緯等では、Dさんへの犯行が説明される前に、「甲さん」という女性が登場する。彼女は第六回公判で出てきた、白石の部屋に滞在したが殺害されなかった女性で、関西地方に住む当時二十二歳くらいのキャバクラ嬢・Yさんのことだと見られる。以下、検察官が使った「甲さん」との表現を使用することをお断りしておく。検察官は言う。

「九月十二日、被告（白石）は甲さんとDMでラインの連絡先交換後、ラインでやり取りを開始。九月十四日に被告は、一緒に首吊り自殺をする旨、嘘をついて甲さんを被告方に呼ぶ。そこで甲さんからカネを引っ張れるかもしれないと感じ、殺害せずに九月二十三日まで滞在させる」

検察側があえてこのくだりを加えたのは、白石がDさんと出会い、殺害に及んだ時期は、白石宅に甲さんがいた時期と重なっているということを明らかにするためである。

Dさんが一緒に自殺する人を募集する内容のツイートをしたのは九月十三日。その日に白石は「死にたい」のアカウントを使ってDさんとDMでのやり取りを開始し、ラインでもやり取りをするようになる。そして、一緒に首吊り自殺をする旨の嘘をつき、Dさんに九月十五日の夜に相武台前駅まで来ることを約束させた。

九月十四日、Dさんは美容院に、九月二十三日に出向く旨の予約の電話をする。

九月十五日、二十二時二十八分頃、Dさんはアルバイト先を出て、埼玉県内の駅改札に入場した。

九月十六日、○時三十分頃、Dさんが相武台前駅に到着。白石は相武台前駅付近でDさんと合流し、一緒に自宅アパートへ向かう。その前に、自宅に滞在していた甲さんを一人でカラオケに行かせ、朝までカラオケ店で待たせていた。

この件については、白石が私との面会時に話していた、「その子は七時間くらい出てましたから」というくだりが、そういうことだったのかと腑に落ちる。なお、面会時の白石の説明に「カラオケ店」という単語は出てこなかった。以下、検察側の冒頭陳述での説明は次の通りだ。

「被告はDさんからはカネを引っ張れそうもないと判断し、失神させて強制性交し、殺害して所持金を奪うことを決意。三名殺害しても警察が来ないことから、失踪を装わせなくても大丈夫と考え、失踪を装うことは指示せず。そのやり方は以降の犯行でも続いた」

その後、検察官が述べた殺害方法、死体の解体・遺棄の方法はこれまでの事件とほぼ同様だった。ただし、死体の解体・遺棄については、九月十六日から九月下旬までとされていた。これは、検察側の説明には遺棄も含まれているため、同月下旬までとあるのだろうと理解した。とまれ、この時期になると白石がすっかり殺人に〝慣れて〟いたとの印象を抱かせる内容である。

出産後に精神が不安定になったEさん

続いてEさん事件について。Eさんは当時二十六歳で無職。離婚した元夫との間に長女がいた。Eさんの元夫と母親の証言等によると、長女を出産後に精神的に不安定となり、精神科に通院するようになる。事件当時は、訪問看護のサポートを受けながら、埼玉県内の自宅で一人暮らしをしていた。

犯行に至る経緯等ではまず、当時の白石の状況が説明される。

「被告はDさん殺害前の九月十五日に、アカウント『首吊り士』を、Dさん殺害後の九月十八日にアカウント『終わりにしたい』を新たに開設し、同様の目的で、四つのアカウントで不特定多数の女性とDMでやり取りを続ける」

九月二十三日、三時八分頃にEさんが一緒に自殺する人を募集する旨のツイートをする。それに対して、同日八時五十九分頃、白石はBさん殺害後に開設したアカウント「ー」でEさんにDMを送信して、彼女とのやり取りを開始。一緒に首吊り自殺をするとの嘘をついて、Eさんに九月二十四日に会うことを約束させたのだった。

「Eさんは被告とのDMのなかで、『心の何処かでは生きたいって思ってるみたいですね。人間って』や『死にたい、けど生きたい。難しいですよね』などと返信していた。被告は『ー』でEさんとやり取りをする間、『首吊り士』でもEさんとやり取り」

九月二十四日、七時十八分頃、Eさんは相武台前駅に到着。その後白石と合流し、彼の部屋に行く。その後、Eさんは白石宅から複数回出入りをし、十一時二十四分頃から十七時二十五分頃にかけて、元夫にラインで「死ぬの怖い　嫌だ」や、「うちが死んだら悲しむ?」などのメッセージを送信したり、音声通話をしたりを繰り返す。

「夜になり、被告はEさんからカネを引っ張れるか見極めようとしたが、被告方を複数回出入りするEさんの様子から、Eさんが帰宅することを危惧し、その前に失神させて強制性交し、殺害して所持金を奪うことを決意」

九月二十四日夜の殺害状況は、これまでの事件とほぼ同じで、同日から九月下旬にかけての死体の解体・遺棄についても同様だった。

福島県から来た高校生Fさん

次に取り上げたのはFさん事件について。彼女は当時十七歳の高校三年生。福島県内で母親と兄と同居し、母親への聴取によれば、将来の夢は保健室の先生とのことだった。これまでに何度か家出をしたことがあるものの、数日後には帰宅していたという。

九月二十八日に殺害されたFさんが白石と知り合ったのは九月十八日のこと。Fさんが一緒に自殺する人を募集する内容のツイートをしたところ、「首吊り士」のアカウントで白石がDMをしてきたのだ。

その後、Eさん殺害の二日後である九月二十六日から、白石とFさんがラインでやり取りをするようになり、翌二十七日にFさんは東京行きの高速バスに乗り、夕方には東京駅八重洲口に到着している。

九月二十八日、Fさんは午前中に新宿駅のコインロッカーに衣類二点、定期券一点などを預け、町田駅付近の衣料品店でワンピースなどを購入。十二時十九分頃、白石とFさんは相武台前駅で合流後、牛丼を購入して白石の部屋へと向かう。十五時四十七分頃、白石とFさんはタクシーでコンビニへと向かい、スイーツ等を購入。十五時五十九分頃、タクシーで白石の部屋へと戻る。十六時十八分頃、白石がデリバリーピザを注文。なお、二人が合流してからの牛丼、タクシー、スイーツ等、ピザの代金はすべてFさんが支払っている。夕方になると、Fさんは母親からのメールに「ごめんなさい」、「今から帰ります」と返信していた。

「夕方に被告とFさんは二人とも寝るが、被告が先に起きている。Fさんのカネ払いが良かったことから、この時点でまだFさんからカネを引っ張れるかどうかの見極めができていなかったが、眠っているFさんを見て、強制性交し、口封じのためにFさんを殺害し、所持金を奪うことを決意」

検察官によれば、Fさんへの犯行は九月二十八日の夕方から夜にかけて実行されているが、これまでの被害者とは経緯が少し異なっていた。

「（白石は）寝ているFさんの両手首を結束バンドで縛り、両膝をそれぞれ紐で縛って、その紐をロフトのはしごに結び付け、はしごに結び付けたロープの輪にFさんの首を通し、口にガムテープを貼ろうとしていたところ、Fさんが目を覚まして抵抗。首にかけたロープを引っ張って首を絞めるなどの暴行によりFさんを失神させ、失神中のFさんと強制性交したあと、鼻と口にガムテープを貼り、ロープを結び直してFさんの頭部を吊り上げて首を絞め、Fさんを殺害したうえ、所持金数千円を奪った」

つまり、これまでのようにまず首を絞めて失神させるわけではなく、寝ている彼女を身動きのとれない状態にして、強制性交をしようとしていたのである。

なお、殺害後の死体の解体・遺棄の方法はこれまでと同じで、その期間は同日から九月下旬までとされている。

事件後の予定を楽しみにしていたGさん

最後に、Gさん事件について。Gさんは当時十七歳の高校二年生。埼玉県内で両親と弟と同居していた。母親などへの聴取によれば、彼女は明るい性格で成績優秀だが、事件の数日前から学校を休むようになっていた。一方で、事件後の時期に予定されていた、修学旅行やディズニーランドに行くことを楽しみにしていたという。

白石は「首吊り士」のアカウントで、Gさんのツイッターアカウントとプでのやり取りをしており、Gさんは九月三十日の十時三十九分頃に自宅を出て、十分後の四十九分頃に現金二万円を自分の口座から引き出している。そして、十一時十五分頃に交通系ICカードに二千円をチャージ。十三時十六分頃に相武台前駅に着いていた。

「十四時二十六分頃、被告はGさんと歩いて被告方へ向かう。やがて被告はGさんからはカネを引っ張れないと考え、Gさんを失神させて強制性交し、殺害して所持金を奪おうと決意。被告はGさん殺害後、現金数万円を奪っている」

隙をついていきなり首を絞めるなど、殺害状況はFさんを除くその他の被害者のときとほぼ同じで、死体の解体・遺棄も同様に同日から十月上旬頃にかけて行われた。

検察官は殺害及び財産取得に関する被害者の事前承諾は、DさんからGさんまでのいずれもなかったとし、今後、白石の供述等で立証していくとして、冒頭陳述を終えた。

Dさんの父「頭部以外はゴミとして捨てられた」

その後、弁護側の冒頭陳述が行われた。弁護人は述べる。

「Dさんから G さんまで四人それぞれ、悩みを抱え、違う理由で白石さんのところに向かっています。共通することは全員、白石さんのところにみずから向かい、殺害までに命を絶つことを撤回する行動をしていないこと」

そう前置きして、DさんからGさんまで、それぞれが抱えた悩みを並べ、死を望んでいたとした。

まずDさんについては、「大学一年の終わりに成績は悪化。母の叱責を受けて十二日間家出した。大学二年の夏休み前、前期の成績がふるわず大学から親子面談を打診された」という。その面談の日が犯行日となった九月十六日だったと説明する。

続いてEさんについては、家族や育児のことで悩みを抱え、「うつ病、統合失調症の診断を受け、自殺未遂」を起こしており、七月二十四日には「『本当に死にたいと思う』、『実行に移しそう』と看護師に話していた」。そして夫と離婚することになり、夫と子どもが出ていった。九月二十四日の朝、Eさんはメモを残して座間へと向かう。メモには「死にたい　死にたい　私はじゃまもの　今度こそ成功させたい」と残されていたという。

Fさんは家族や容姿、恋愛で悩み、日常的に「死にたい」と発言していた。九月二十七日には「友人に『首吊り士と一緒に死ぬ』、『明日はもうこの世に居ない』と送信」している。

最後にGさんについて、「命を絶ちたいほどの悩みはわからない。話すこともなかった。自分と弟に対する扱いの違いや、就職先が決まらなかったらという不安もあった。でも誰にも相談しなかった」と説明。九月二十六日に高校を欠席し、「心療内科に行きたい」と友人にメッセージを送っていた。同二十七日、高校を早退して精神科へ行くも、未成年のために受診拒否されたとのこと。同二十八日、担任と面談して両親の自分と弟に対する扱いの違いを話し、自殺を試みたが止められた、と明かしていたという。

こうした個別の事例を挙げてから、弁護人は次のように述べた。

「Dさんから Gさんは、白石さんの手により、死の結果が実現されることを想定していました。検察官は『殺してほしいなどの言葉はなかった』と言いますが、弁護側も各被害者はあくまでも〝黙示の承諾〟だと主張し、殺してほしいという言葉を伝えていないという点は矛盾しない」

弁護側の冒頭陳述が終了すると、Dさん事件についての証拠調べが行われた。

そこではDさんのツイッターや白石とのラインの内容、さらにはDさんのバイト先の店長の調書などが紹介された。Dさんの父親の調書から一部を抜粋する。

「娘は成人式を楽しみにしていたはず。頭部以外はゴミとして捨てられた。涙が止まらない。どれだけ怖い思いをしただろうことか。（犯行前の）七月、中学生の自殺のニュースを見て、『本人にしかわからないことがある』と言っていた。違和感があったが、自殺願望はなく、自分を理解してくれる人のところに一時避難したかっただけだろう。もっと家族で話せばよかった。せめて体があれば、成人式の着物を着せてあげたかった」

Dさん解体を目撃してしまった甲さん

証拠調べに続いて、Dさん事件についての被告人質問が行われた。まず弁護人が質問に立つが、白石が「お答えするつもりはありません」と反応したことから、検察官による質問に切り替わる。

ここでこれまで白石本人が法廷では話していなかった、「甲さん」として冒頭陳述に登場した、キャバクラ嬢・Yさんについての質問が出てくる。当初、甲さんも自殺願望を持って白石と会うことになったのだが、彼女の個人的な情報や悩みを聞いているうちに、白石は「おカネになると感じた」ことから殺害はしていない。

検察官「甲さんは部屋に十日ほど泊まっている。いつまで自殺願望がありましたか？」

白石「初日は強くありましたが、それ以降は強い言動はありませんでした」

検察官「性行為は？」

白石「していません」

検察官「その理由は？」

白石「性行為をすることで親しくなれる人と、なれない人がいます。夜の商売の人は、プライベートでも（性行為を）求められるとうんざりする人がスカウト時代にいたので……」

白石は、甲さんと一緒に過ごしている間、食事をオゴってもらうこと以外にも、ある頼み事をしていたことが明らかになった。

白石「部屋に遺体が増えていってまずい状況になっていたので、どこかに隠したいと思い、レンタルルームを甲さんの名前で借りてほしいと依頼しました」

検察官「結果は？」

白石「断られました」

その後、警察に踏み込まれる四日前の十月二十六日に、白石は実家に戻っていた甲さんに対して、「生活費が必要。足りない」と、現金五万円を送ってほしいと要求。彼女は了承していた。しかし、白石が逮捕されたことから送金が実行されることはなく、そうした事情を彼は、取り調べのなかで刑事から聞かされていた。

甲さんという、金策ができる女性が見つかったにもかかわらず、Dさんとのやり取りを続けた理由について聞かれ、白石は答える。

白石「甲さんがダメ（カネが引っ張れない）になった場合も考えて、繋がりは多ければ多いほうがいいと考えていました」

その後、検察官は白石がDさんをレイプ目的で殺害したことを念頭に、「（Dさんではなく）甲さんと合意のうえで性行為をした場合、性欲は満たせるのでは？」と質問したところ、白石は独自の論理を展開する。

白石「甲さんからおカネを引っ張るためには、しないほうがいい。それとは別に女性をレイプしたい欲求はあり、甲さん以外の女性で発散しようとしていました」

それから白石がDさんを自宅アパートに連れてきて、殺害に至るまでについての質問が続き、自室に入れてから三十分以内にまず彼女の胸を触り、抵抗されたので、首を絞めて失神させて強制性交を行ってから、同意がないまま殺害したことを認めたのだった。

一旦休廷を挟んでからの、再度の検察官による被告人質問。そこでも質問はまず、甲さんに関するものから始まった。

検察官「甲さんにDさんについての説明はしましたか?」

白石「このあと、解体の場面を見せていることから察するに、事前に『ツイッターの方と会って、もしかしたら自殺を手伝って解体する』と話していたかもしれません。いきなり解体に出くわしたらまずいので……」

検察官「なぜ甲さんに自殺を手伝うと説明したのですか?」

白石「実際にレイプやカネを奪うと話すと、甲さんの信用を損なうと思ったからです」

白石は事件について、甲さんの口から露呈してしまうとは考えていなかったという。

白石「甲さんを見ていて、話して大丈夫だと思いました。知り合って時間が経つにつれ、信用、信頼、恋愛依存の感情を向けてきました。甲さんが警察に話して、私がいなくなったら困るから、話さないだろうと思いました」

検察官「甲さんに話したときの反応は？」

白石「驚くことなく、『そうなんだ』と」

検察官「甲さんが帰って来て、玄関からなかに入ったときの説明は？」

白石「いま、風呂場で解体しているから、見ないでロフトまで上がって、と。甲さんは恐る恐るロフトに上がりました。甲さんが不安感を訴えたので、安定剤と睡眠薬を飲ませて、私は解体の続きをしました」

続いてふたたび弁護側の質問となったが、弁護人はDさんが死を希望していたことを引き出そうと、その関連の質問を重ねる。すると、最初のうちはぶっきらぼうながら答えていた白石だったが、徐々に機嫌を損ねていったようで、「黙秘します」との言葉が多くなった。そうしたなか、新たな情報が白石の口からもたらされたのは、次の一点に留まる。

弁護人「甲さんはDさんの解体途中に帰って来ました。彼女は解体を見ていますか？」

白石「はい。ロフトから私が鍋で骨を煮ているシーンを見ています。警察の取り調べで捜査員が言っていました。私自身、見られた記憶はありません」

かつて白石との面会時に聞いていた、甲さんが「お母さんが心配してるから帰る」と言って彼の部屋を出たのは、間違いなくそのときの体験が理由だろうと、想像せずにはいられなかった。甲さんは白石をできる限り刺激しないよう気を遣い、自然に去れる機会を窺いながら、うまくフェードアウトしたのではないだろうかと考えたのである。

第11回

10月26日

「(甲さんを)引き留めることはありませんでした」

解体を見た甲さんを素直に帰した謎

前回から四日空けた十月二十六日の第十一回公判。この日は引き続き、Dさん事件についての被告人質問から始まった。まず弁護人が質問に立ち、「甲さん」が滞在していた白石の部屋を出て、実家に帰った際のやり取りについて尋ねる。

白石「電車で帰るのを見送った記憶があります。甲さんの母親が心配しているので帰ることになったんです」

弁護人「甲さんから帰ると?」

白石「そうです。とくに引き留めることはありませんでした」

甲さんが白石の家を出たのは九月二十三日とのこと。Dさん殺害から七日後であり、Eさん殺害の前日である。白石はEさん殺害の理由について、「Eさんが帰宅することを危惧し」としていた。だが、なぜ甲さんに関しては素直に帰宅させたのか。そのことが明らかになるのは、続いての裁判官による被告人質問のなかでのことだ。

裁判官「甲さんの殺害を考えたことは？」

白石「ありません」

裁判官「甲さんからおカネを引っ張れなくなると判断したら、殺害していたかもしれないですか？」

白石「変化があったら、そうしていたかもしれないですけど、当時は甲さんとの関係は良好だと思っていたので……」

白石は、甲さんと同居し、家賃を払ってもらおうと考えていたという。

白石「一緒に住む方向で話そうとしていましたが、途中で帰ってしまった。出て行く理由が、母親が心配しているというものだったので、引き留めづらかった」

白石が口にする甲さんを帰した理由を受けて、別の裁判官が新たに質問を加える。

裁判官「Cさんのときは、Aさんを殺したことを知らないのに証拠隠滅のために殺した。一方、甲さんは解体を知っていた。甲さんを帰すことのほうが、Cさんを帰すよりもリスキーだと思いますが」

白石「Cさんと比べると、Cさんは距離感があり、信用、信頼がありません。甲さんとは信用、信頼、恋愛依存を感じ取れたので、大きな差がありました」

裁判官「甲さんが帰って関係が悪化する心配は？」

白石「しないようにしていました」

裁判官「捕まってもいいやという気持ちがあって？」

白石「違います。甲さんを口説けていたので大丈夫だと……」

白石は甲さんに手を出さないことについて、過去のスカウト時代の経験を持ち出し、「カネを引っ張るためにそうしたほうが良かったから」と断言するが、それ以外にも理由があったように思えてならない。白石は殺害の基準について次のように答えていた。

白石「状況によりけりです。普通の女性で収入がなくても、（相手が）わかりやすい好意を示す場合、殺害せずお付き合いしたいと考えていました」

それと同時に、自殺志願者だったDさんを自殺する方向に持っていかず、殺害した理由についてはこう答えている。

白石「相手が普通にしている状態を襲うことが快感に繋がったので、考えなかった」

また、白石はほとんどの女性被害者の胸をまず触り、抵抗されてから首を絞めて失神させ、強制性交をしているが、その理由についての回答は以下のものだった。

白石「どんな反応をするのか見るためにやりたくて、反応を見てその内容で性的興奮に繋がるものがありました」

つまり白石は、素直に性行為に持ち込める相手よりも、抵抗する相手に向けた性行為にのみ、性的興奮を感じる傾向が顕著なのだ。極度の興奮を犯行に及んで初めて知り、幾度も重ねていくうちに、徐々に彼のなかで強い渇望になってきたのではないだろうか。さらには、この性的興奮を感じる性行為のなかには、殺害行為も含まれると考えられる。

Eさんのメモ「死ぬことを成功させたい」

続いてEさん事件についての証拠調べが行われた。以下、Eさんの母親に警察官が聴取した内容を抜粋する。

「娘の人生を思い返すと、どうすれば殺されずに済んだのか、母親として娘がなにを求めていたのか考えざるを得ない。娘を心配してくれる人はたくさんいました。病院の先生とか。手塩にかけた娘を犯人は無残に殺した。無念や苦しみを犯人にもわかってもらいたい。残された遺族の苦しみも知ってもらいたい」

一方の弁護側は、Eさんを担当した訪問看護師への聞き取り結果や、医療機関の通院報告書などを証拠として提出した。また、Eさんが行方不明になった日、机の上に残されていたEさん作成のメモ書きには、次のように書かれていたという。

「嫌われ者。もう嫌だ。いらない存在。死ぬことを成功させたい。自殺した人がうらやましい。最近なにもおもしろくない」

その後、Eさんの元夫と母親に対する証人尋問が行われた。承諾殺人が裁判の争点になっていると検察官から聞かされた二人は、それぞれ次のように返している。

元夫「(承諾殺人は) 絶対にないと思いました。いくら離婚したからといって、子どもの健康状態もいろいろ聞いてくる。離婚してももう一度一緒にいたいと本人の口から聞いているので、それは絶対にない」

母親「娘は気をひきたくて旦那さんにいろいろ言っていただけ。ふだんの言葉から、本当に死にたい気持ちはなかったと思います。そう信じています」

白石はそれらの証言を目を瞑り、姿勢を正して聞いていた。そんな白石に対し、二人はともに「死刑を望む」と明言したのだった。

第12回
10月27日

「首を落とすのに、二、三分だと思います」

自宅へと引き込む巧みな誘導手口

十月二十七日に開かれた第十二回公判は、五人目の被害者であるEさん事件についての被告人質問から始まった。まずは弁護側からということで、弁護人が白石に問いかける。

弁護人「検察官から質問しますか？」

白石「はい」

弁護人「今後も被告人質問がF、G、H、Iとありますが、それも検察から質問してもらいますか？」

白石「はい。基本的に弁護側の質問に答えるつもりは、いまのところないです」

そこで弁護人は退き、検察側による質問となる。検察官は白石がツイッター上でEさんと出会った流れ、二人のやり取りなどについて質問を重ね、白石はそれに淀みなく答えていく。

白石はやはり被害者との対話にかなり気を配っていたようで、自殺を志願するEさんに対し、「いつ頃死のうとしてる？　私はすぐにでも」とDMを送るなど、一緒に自殺するつもりであるように装っていた。なお、こうしたメッセージを送った理由を検察官に問われ、「相手から返信が来やすいと思って」と、本心ではなかったことを明かしている。

さらに、一緒に自殺をする場所についても、最初は森や山を提案。そのことについて、「森や山が難しいので、だったら部屋で（自殺を）やろうと提案するため」と語り、「いきなり私の部屋を提案したら、Eさんにイヤだなーという気持ちがあったら、そこでやり取りが終わってしまうから」と理由を説明。そのうえで、森や山の代わりの場所として、「Eさんか私の部屋」という、相手の意思を尊重して選ばせる方法で、自宅に来るように誘導していたのだった。

また、白石はEさんとは「Ｉ」と「首吊り士」の二つのアカウントで、別人としてやり取りをしていたが、これらのアカウントはそれぞれキャラクターを使い分けていた。「殺し」は一緒に死ぬというのがコンセプトで、一方の「首吊り士」は白石によれば、「殺してあげる、など自殺ほう助のアカウント」だったという。

思惑通りEさんを自宅アパートに連れ込むことに成功した白石は、彼女から元夫や交際中の彼氏についての悩みを聞き出していた。だが、Eさんは会話の最中に電話があると、部屋から出ては戻るということを五回ほど繰り返す。そこで白石は、Eさんに強制性交を行い、殺害するとの決意を固めたようだ。殺害に至る流れを検察官に質問され、次のように答えている。

白石「私が酒や薬（睡眠導入剤など）を勧め、Eさんが部屋を出入りしていてこのままじゃ帰ると思ったので、襲ってこれまでと同じように……。Eさんの場合は急に襲いかかったような印象。いきなり首を絞めた印象」

検察官「急に襲いかかったというのは、どういう場面の記憶ですか？」

白石「ほかの人はぐでーっとしてるときに襲いましたが、Eさんは薬を飲んだあとも部屋を出入りしていたので、戻ってきたタイミングで襲いました」

白石はEさんの背後から首をつかんで馬乗りになり、首を絞めて失神させていた。その後は、ほかの女性被害者と同じく、強制性交をして殺害という流れだ。

合意あるセックスでは射精できなくなった

この公判では、前回の公判で生じた、白石が抵抗する相手に対して強い性的興奮を抱くのではないかという疑問に対する答えが、本人の口から語られている。少々長いがやり取りを記す。

検察官「普通にしている女性を襲うのが快感だと、昨日（の公判で）言っていたが、要するに？」

白石「レイプされることがわかっているような状況。たとえばデリバリーヘルスよりも、普通の女性でレイプされるとわかっていない人を、いきなり襲うほうが興奮するということです」

検察官「死にたい女性なら、抵抗なく失神させてレイプするという手段もあると思いますが、なぜそうしなかったんですか？」

白石「いきなり襲うことに楽しみを感じていた……（略）」

検察官「いきなり襲うことに楽しみ、とは？」
白石「普通のセックスをするよりもスリルを感じました。たとえば仮称・Xさんの話で、八月上旬に知り合い、合意のうえでセックスして、その後、Aさん、Bさん、Cさんを殺したあとにXさんとセックスをしたときに、射精できなかったということがありました。自分の興奮が足りなかったから……」
検察官「抵抗を排除することも快感だったんですか？」
白石「いま冷静に思うと、そういうところにも快感があったかもしれません」

時系列ではずっとあとになるが、この日、裁判官による質問でも、白石は次のように答えている。

裁判官「いまの記憶としては、なにに興奮していましたか？」
白石「相手の平常時にいきなり胸を触ること。失神している女性の乳首を舐めることに興奮していました。女性を殴ったり首を絞めるといった、暴力自体には快感を感じていないというのが、正直な気持ちです」
裁判官「一般的なレイプは失神をさせないと思うが、なぜ失神させましたか？」

白石「声を出したり、暴れることが予測できたからです」
裁判官「抵抗する女性と性交することへの関心はありますか？」
白石「関心があり、あとの被害者にはそういったことを試みようとしたこともあります」

解体中に食事休憩をとる習熟ぶり

ふたたび検察側の被告人質問に戻るが、遺体の解体についての質疑のなかで、殺人と死体損壊を幾度も重ねてきたことから、Eさん事件の段階では、白石がすっかり解体に習熟していたことがわかる。

検察官「（首を切るのに）どのくらい時間がかかりました？」
白石「首を落とすのに、二、三分だと思います」
検察官「解体のときの服装は？」
白石「上下レインスーツにマスク。目にはゴーグルです」

首を落としてからは、三十分から一時間程度、血抜きのため浴槽に放置し、すべてを終えるのに、「休憩も入っているから、実時間だと四時間から六時間くらい」だったという。こうした内容を白石が平然とした口調で話すことが耐え難いようで、被害者参加人席からは、途中で数人が席を立った。

さらには、白石がEさんを解体する最中に、コンビニエンスストアで買った、ペペロンチーノとサラダチキンを食べていたことも、検察官とのやり取りで明らかになっている。

検察官「食欲の減退は？」

白石「なかったです」

その後も、以下のやり取りが交わされる。

検察官「Aさんのときは（遺体解体時に）頭痛や吐き気があったと話していましたが、Eさんのときは？」

白石「もうありませんでした。まったく。淡々と仕事をしてるように作業してる感覚でした」

こうしたことから、白石が解体に習熟しただけでなく、ほぼ無感覚で〝事後の処理〟に携わっていたことが伝わってくるのだった。

第13回

10月28日

「寝ている女性もレイプしたくなったんです」

警察とともにFさんを翻意させようとした友人

十月二十八日に開かれた第十三回公判。開廷時、白石は腕を組んで目を閉じている。

この日はまず、検察側からEさん事件について、白石の供述調書二点の証拠請求があり、それが採用されたことから、まず読み上げられた。そのうち一点は以下の内容である（一部抜粋）。

「主婦（Eさん）からは、『寝たら殺してください』と言われたが、レイプしようとしたら抵抗され、首を絞めて腹を殴っても抵抗してきたので、同意していたことは絶対にありません。刑法に殺人罪と承諾殺人罪があることは知っています。殺人罪のほうが格段に罪が重い。私がしたことは殺人罪にあたると思います」

その後、Ｆさん事件の証拠調べとなった。まず検察側により、Ｆさんのツイッターとラインの解析結果が読み上げられ、彼女が「#自殺募集」や「#集団自殺」などの言葉で自殺相手を募集していたことがわかる。

続いて、九月二十七日に福島県から東京行きの高速バスに乗って上京してから、犯行当日である二十八日朝からの彼女の行動が、追って紹介された。そのなかで、町田市でリネンシャツとワンピースを買う姿と、相武台前駅近くの牛丼店で、白石と一緒に牛丼をテイクアウトする際の防犯カメラ映像が、法廷内のモニターに映し出される。

最後にＦさんの母親の調書が読み上げられた。「Ｆはわがままで自分勝手なところがあるけど優しい子」とする母親は次のように言う。

「娘に自殺願望があったというふうに言われていますが、本当にあったとは思えない。二〇一七年九月二十七日は、朝に顔を合わせて話したら、文化祭を楽しみにしていました。係の仕事があり、終わったら打ち上げがあるかも、と。前日は運動会があり、楽しかったと言っていました。三者面談で試験に向けて、『頑張ります』と話していました。当日、ヘアアイロンも持っていってたので、気分転換で少し家出するくらいだと思います。犯人に殺されてしまったとしか考えられません」

こうした言葉が読み上げられるなか、白石は前のめりになって、机の上の資料を見るような体勢だった。検察官は最後に母親の処罰感情を紹介する。

「Fを晒し者にしないでと思い、泣き崩れました。いまでも悲しくなります。触れられたくない。犯人は九人も殺してバラバラにした極悪非道。十七歳で命を絶たれて、すごく悔しくて残念です。なんでこんなことをしたんだとの憎しみだけが残ります。のうのうと生きている犯人が許せない。苦しんで、死刑にしてもらいたい。このまま死刑にならないのは絶対に許したくないです」

検察側の証拠調べを終え、次に弁護側による証拠調べとなった。まずFさんが中三の秋に小学校の友人を通じて知り合った、女性の友人（丙さん＝仮名）とのラインのやり取りが紹介される。そのなかではFさんが丙さんに対し、犯行当日である九月二十八日の朝に「いま遠いところにいて、命を絶とうと思うんだ」や「実行前なんだけど、遺書書いてくんの忘れたわ」といった、自殺することを想起させる文言を送っていたことが明かされる。

また、丙さんはFさんの自殺を止めようと、警察にも電話を入れ、警察の助言を受けながらの説得を続けていた。同日夕方、Fさんは丙さんに「やめて今日は帰るね」と連絡を送り、警察もFさんが神奈川県内にいることを突き止めていることを丙さんは聞いていた。しかし、その後いくつかのやり取りを経て、Fさんとは連絡がつかなくなったのだった。

続いて弁護側が取り上げたのは、Fさんと同じ高校に通う友人（乙さん＝仮名）の調書。そこでも乙さんがFさんから自殺願望を聞かされていたことが説明される。さらに乙さんは、Fさんが「首吊り士」と一緒に死ぬつもりであることを聞いており、「首吊り士」はFさんの自殺を見届けてから、後追いをして死ぬのだと、彼女が思い込んでいたことを話していた。

白石に芽生えた新たな欲望

こういった証拠調べが終わると、Fさん事件についての、白石への被告人質問となった。検察官がFさんと繋がったきっかけや、その後のやり取りなどについて尋ね、白石が答えていく。

そこでFさんと相武台前駅で合流してからの行動についての質問となり、二人で会ってから牛丼をテイクアウトする段階で、死についての話がなくなっていたと白石は語る。

白石「牛丼買って食べようという話になり、そのあとピザとかデザートを買っていくなかで、Ｆさんから『ゲームセンターに行きたい』や、『なにか食べたい』など、死に繋がるような話がなくなりました」

部屋では、白石がＦさんに睡眠導入剤を勧め、彼女が「あなたも飲まないんですか？」と言ったことで彼も飲み、二人でそのまま寝てしまったという。そして先に目が覚めた白石に新たな欲望が生まれたのだという。

白石「失神してる女性と性交することを繰り返してきたので、寝ている女性もレイプしたくなったんです」

検察官「どういう行為を？」

白石「手足を拘束し、動けない状態でレイプしようと思いました」

白石は床に布団を敷いて寝ていたＦさんをそこに上げ、それから彼女を縛っていた。

白石「Ｆさんをそっと……違うな、Ｆさんを後ろ手で結束バンドで縛って、それから仰向けにして両足の膝のところをビニールテープで縛り、ロフトのはしごにくくり付けました。それからロフトのはしごからかけたロープに輪っかを作り、首を入れました」

検察官「ロープの輪っかに首を通したのはなぜ？」

白石「もし縛っている最中に急に起きたら首を絞められるからです。最終的にレイプ後、殺すと決めてましたから」

その様子について、人形で再現した画像がモニターに表示された。画像ではロープが緩んでいるが、「当時はピンと張っていました」と白石が付け加える。

検察官「拘束したあとは？」

白石「口にガムテープを貼ろうとしたら、貼っている最中にFさんが覚醒したので、首を絞めました。右手で首にかけたロープを持ち、左手でFさんのあご、口、鼻をつかみ、首をねじるようにしました。ガムテープは完全には貼られてないですが、口についた状態でした」

検察官「どのくらい抵抗は続きました？」

白石「一方的に楽に絞め落とせた印象なので一分、長くても二分で」

前日の被告人質問で白石が「楽に失神させられた被害者がいる」と答えていたことを検察官に指摘され、彼はそれがＦさんだったことを認めた。

白石「相手からの抵抗が、Ｆさんの場合、（縛られているため）胴を揺らすくらいしかできなかったため、簡単に落とせたということです」

白石のこの発言をもって、裁判長は被告人質問は翌日に続けることを口にし、閉廷を告げたのだった。

第14回
10月29日
〈失禁に備えて下半身の着衣を穿かせた〉

高校生Fさんから「カネを引っ張れるかも」

十月二十九日に開かれた第十四回公判は、前日に引き続き、Fさん事件について、検察側の白石への被告人質問から始まった。

白石は検察官の質問に答えるかたちで、Fさんへの強制性交と殺害の状況を口にする。その際、強制性交後に被害者を殺害するときに、一旦脱がした下着やズボンを穿かせていた理由について、「失禁に備えて下半身の着衣を穿かせた」と説明。同時に被害者の体の下にペットシートを敷くなどしていたことから、彼が排泄物で床が汚れることを気にしていたことが伝わってくる。

続いて遺体の解体について、白石はこれまでと同じやり方であることを口にし、肉片や内臓などはゴミとして捨て、頭部と大きな骨はクーラーボックスに入れたことを認めた。また、Fさんから所持金数千円を奪ったことを話し、彼女の所持品を一部残していた理由については、「リュックはものが良さそうだったので、個人的に使おうと思っていた」と答えた。

次に弁護側による質問が始まったが、白石はなにを聞かれても「黙秘します」と返し、回答しようとしない。時系列に弁護人は質問を続け、「Fさんとのラインを昨日証拠調べで扱ったが、憶えていますか?」との質問に対してだけ、「証拠調べは憶えてます」との答えを返すのみに留まった。

その後、ふたたび白石は「黙秘します」を繰り返す。その際にはだるそうに体を掻きながら答えたり、椅子の背に寄りかかってため息をつくように答えたりする。五十問近くそのような状況が続くなか、「Fさんの所持金は床に散らばっていましたか?」との質問に、「正確にはそれでは(すでに答えた金額に)足りず、床に散らばっているものと、リュックをあさっておカネを探しました」と答えてからは、しばらく弁護人の問いかけに回答するようになった。だが、途中からふたたび「黙秘します」と答えることが多くなり、後半にかけては、ほとんどの質問に対してその言葉を繰り返すのみで被告人質問を終えた。

やがて検察側の再質問を経て、最後に裁判官による質問が始まる。そこでは白石とF

さんとのやり取りを中心に質問がなされたが、そのなかで白石は、Fさんが寝るまでは殺害を決意していなかったことを口にする。

白石「カネ遣いの荒さを見て、この子なら定期的に（カネを）引っ張れそうだな、と」

裁判官「十七歳の女子高生でも？」

白石「定期的に五千円から一万円引っ張れれば十分付き合う可能性があると、警察と検察に供述したと記憶しています。その通りで、定期的ならば五千円から一万円でも良かった。当時の家賃が安かったので、生活費食費合わせても、月に五万円から十万円あれば生活できたので……」

原因のわからない不調に悩んでいたGさん

裁判官による被告人質問が終わると、続いてGさん事件についての証拠調べとなった。そこではまず検察官が、白石のアカウント「首吊り士」のフォロワーが七十一人いて、そのなかにGさんも入っていたと述べる。

続いてGさんと白石の行動経過や、Gさんのアルバイト先の店長からの聞き取り内容、Gさんの友人の供述調書などが読み上げられた。さらに母親への聴取による、Gさんの生い立ちについても紹介された。

「明るく元気で、親を困らせることがなかった。勉強が大好きで、吹奏楽部に入って学校生活を楽しんでいた。歌が大好きで、笑い話のような話だが、合唱部の仲間と帰ってくると、歌っている声が近づいてくることがあった。高校では合唱部に入ったが、中学の合唱部の高いレベルと異なり、高一の九月に退部した。それからは家で歌っていました」

だが、そうしたなかでGさんが心身の不調を抱えていたことも、母親の供述にはあった。

「頭痛や不調を訴え、学校に行きたくないと。胸のあたりがもやもやすると言って、学校を休んでいました。高校一年のときは精神科に行きたいと言っていました」

彼女の心身の不調については、その後、弁護側が証拠として請求した、彼女が通っていた高校の担任による調書にも記されている。

「学校生活の変化はありませんでしたが、（九月）二十五日は登校しましたが、二十六日は頭痛で欠席。二十七日も一限目が終わると、頭痛と体がふらふらするということで早退しています。（中略）その日の昼、Gさんから学校に電話があり、泣いていました。『精神科に行ったけど、母が同行してくれないので受診できない。精神科に行ったらいくらおカネがかかるかわからないと言われた』とのことでした。また、『学校に行きたくない。原因は自分でもわからない。なにかがあったわけでもない』と言っていました」

弁護人が読み上げた調書によれば、Gさんは二十八日に学校で行った同担任との面談で、通信制の学校に行っている弟のことを話題に出し、「私も通信制の学校に行きたいと言ったけど反対された。ベランダから飛び降りて自殺しようとしたが止められた」と話していたという。その後、十月二日に家庭訪問をする予定だったが、その日の午前中に母親から、Gさんが家出したとの連絡を受けていた（＊Gさんが家を出たのは九月三十日）。

先に取り上げられた、検察側の証拠のなかでの、Gさんの母親が聴取に答えた処罰感情は以下の通りだ。

「白石被告は本当に憎い。すぐに死んでほしい。この世からいなくなってほしい。成人式もできない。将来の可能性を踏みにじった被告は絶対に許せない」

第15回
11月2日

「信用、信頼、恋愛いずれも引き出せないと判断しました」

Gさんの抵抗は最も強かった

十一月二日の第十五回公判では、Gさん事件についての被告人質問が行われた。

検察官がまず質問に立ったが、そこでは白石がGさんと「首吊り士」のアカウントでやり取りをしていたことに触れ、実際の犯行内容と、彼がDMで送った相手に勧める自殺方法が異なることについての指摘があった。

検察官「（犯行では）手で首を絞めて失神させていますが、（DMに）それを書いていないのはなぜですか？」

白石「手で首を絞めると肌と肌が触れ合う作業になります。男性が女性にそれをするとなると、女性が引いてしまう印象を与えてしまうからです」

検察官「それで（ＤＭでは）ロープで首を吊ると言っていた？」

白石「はい」

白石によれば、Ｇさんはすぐに彼の部屋に来ることを決めるほど、誰かに話を聞いてもらいたがっていたという。だが、そんな彼女について、白石は会ってすぐに「カネを引っ張れない」との結論を出している。

白石「割と早い段階で、私への感情として、信用、信頼、恋愛いずれも引き出せないと判断しました」

検察官「それでなにをしようと？」

白石「レイプをしようと思い、酒や薬を勧めています。どれくらい酒や薬を飲んだかは憶えてないのですが、効いてきたのを確認して襲いかかりました」

Ｇさんが九人の被害者のなかで、最も強く抵抗してきた憶えがあると、白石は語る。

検察官「具体的には？」

白石「体の力が強かった。酒や薬が効いてなかったのが原因だと思います。(自分が)ひっくり返りそうになったり、首やあごをつかむ手の力が強かったとの記憶があります」

失神するまでに時間がかかり、「本当に大変だったので、五分くらいかかっていると思う」と話す。

強制性交のあとでGさんを殺害した白石は、彼女の所持金約三万円を奪っており、それらを生活費として遣ったり、この法廷でかけている眼鏡を買っていた。また、Gさんの携帯電話はナタで割って捨て、彼女の着ていた衣類やカバン、靴なども、解体後の内臓と一緒に、コンビニのゴミ箱やゴミ集積所に捨てていることが明らかになった。

続いて弁護人による被告人質問となったが、最初のうちこそ答える様子を見せたが、すぐに「黙秘します」と口にするようになり、それからは、なにを聞かれても態度を変えることはなかった。

会話の詳細は「記憶にない」

その後、裁判員、裁判官による被告人質問となる。裁判官はこれまでの検察官と白石とのやり取りで出ていた、Gさんに会ってから殺害までの時間が、他の被害者に比べて短かったということに関連した質問をする。

裁判官「会ってすぐ殺した理由は、信頼や恋愛の感情が感じられなかったということですが、一般的に会ってすぐにそういう感情が生まれるほうが、珍しいのではないでしょうか。時間をかけてそんな気持ちを芽生えさせることは考えなかったのですか？」

白石「当時は初対面でも、相手が自分をどう見ているか、わかるような気がしていました。Gさんは私に好意を持つタイプの子ではないと、感覚で感じたんです」

裁判官「時間をかけてもGさんの気持ちは変わらないと？」

白石「難しいと思いました」

また別の裁判官から、Gさんとの会話の内容を尋ねられた白石は、「ほぼ記憶にない」とも答えている。

裁判官「抵抗が強かった、の記憶は？」

白石「強かったとの印象は、いま残っていますが、定かではなくなってきました」

それから裁判長が、白石の記憶を喚起するような質問をする。

裁判長「人間関係がうまくいっていないという悩みをGさんは話していたとのことですが、具体的には？」

白石「学校での人間関係だと思います」

裁判長「それは詳しく話してくれなかったのですか？　それともあなたにその記憶がないのですか？」

白石「話してくれたけど、響かなかったんです。悩みを心の底から打ち明けるという感じではなくて、薄っぺらい感じでした。だから憶えてないんです」

次に、検察側からの再質問があったが、検察官と白石は次のようなやり取りをした。

検察官「私が最初の被告人質問で、どういう女性を対象にするのかと聞いたとき、『寂しい』、『疲れた』とつぶやいている、弱っている女性を対象にしていたと話していましたね。全員が自殺願望を表明していたわけではないのですか？」

白石「『疲れた』や『寂しい』、『死にたい』とつぶやいていた女性に、片っ端から『フォロー』か『いいね』をしていました」

検察官「『本当に困っている方はご相談ください』ともつぶやいていますが、一緒に自殺する約束をしていない人もいるのですか？　相談も含めて会うことになった可能性は？」

白石「憶えていません」

短期間に集中して犯行を重ねたからか、もしくは三年前の出来事だからか、この日は記憶していないことを訴えることが多い被告人質問だった。

第16回

11月5日

〈白石に殺害を委ねていた〉

弁護側は白石の証言の揺らぎを指摘

前回から三日ぶりとなる、十一月五日に開かれた第十六回公判は、Dさん事件からGさん事件までのまとめとなる、検察側による中間論告で始まった。

公判では各事件について、犯行すべての客観的な流れが紹介され、その後、被告人供述の概要や、信用性の検討などもされている。しかし、これまでの審理内容と重複することが多いため、ここでは割愛する。

検察側は弁護人の主張にはいずれも理由がないことが明らかだとしたうえで、中間論告のまとめとして、DさんからGさんのいずれも、殺害や財産の取得、強制性交を承諾していなかったと訴え、強盗・強制性交等殺人、死体損壊、死体遺棄罪が成立すると主張した。

昼の休廷を挟み、今度は弁護側による中間弁論となった。

弁護人はまず、DさんからGさんに至る被害者について、「自分の命を絶つために白石さんの自宅に向かっており、殺害までに『帰りたい』などの翻意はなく、提案の通りに命を絶たれた」ということが、全員に共通すると述べる。

そのうえで各事件について説明。すべての事件について、(1)目的は命を絶つことだった(2)翻意した言動がない(3)白石に殺害を委ねていた、という観点から、殺人への承諾があったとの主張をした。そこで各事件に対する弁護側の主張の一部を抜粋する。

◎Dさん事件

犯行当日である九月十六日以降もDさんが予定を入れていたということについて、精神科医の証言では「先の予定を入れていても命を絶つことはあり得る」とある。美容院の予約は母親から指摘を受けて目の前で予約。バイトの予定についても、バイト先の人に不審に思われないように、あえて入れていたと考えることも可能である。

◎Eさん事件

過去に何度も自殺未遂をしているが、すべて自宅のなかで元夫に止められていた。だが、今回は違い、誰にも居場所を知らせていない。それは止められないためであり、遺書のメモとして、「今度こそ成功させたい」と残している。

◎Fさん事件

犯行当日、Fさんは牛丼やスイーツ、ピザを食べているが、それはこれまでに過剰なダイエットをしていたことと矛盾する。もう容姿を気にする必要がなかったのは、死ぬ決意をしていたから。また、Fさんはその日に一万円以上を負担するなど、一気におカネを遣い切る行動もしていた。

◎Gさん事件

自宅を出てから引き返さず、白石に待たされても帰らずに、自分の足で白石宅に向かっていた。途中で「帰りたい」との言動もない。また、抵抗の程度について、捜査過程とは矛盾があり、本当にイヤなら死にものぐるいで抵抗するはずである。

この、Gさん事件のなかで出てくる話は、その後、弁護側が訴えた、白石の供述の信用性についての部分で登場する。

弁護人は改めて、白石の供述が一貫していないことを指摘。まずEさん事件について、法廷で白石は最初に「殺害依頼は一度もない」と証言したが、捜査段階では「『寝ている間に殺して』と言われた」と供述しており、百八十度異なっている。

また、Gさん事件では、彼女の抵抗について、法廷では「九人のなかで一番強い」と証言したが、捜査段階では「苦労した記憶がない」と供述していることを挙げ、「ささいなことを忘れるのは不自然ではないが、承諾に関する言葉や抵抗の強さが変遷（へんせん）している」と、必ずしも白石の証言が、信用できるものであるとはいえないとして、締めくくったのだった。

第17回
11月10日

〈首吊りは苦しまずに意識とぶ〉

ツイッターで繋がった翌日に殺されたHさん

十一月十日に開かれた第十七回公判は、これから審理が始まるHさん事件、Iさん事件についての、検察側冒頭陳述によって幕を開けた。

Hさんは当時二十五歳。両親や兄と同居し、一時は実家に引きこもっていたが、二〇一七年四月からコンビニでアルバイトを始めていた。

彼女が殺害されたのは同年十月十八日のこと。検察官が説明する犯行に至る経緯等によれば、Hさんが白石と知り合った十月十七日の時点で、白石は「ー」や「首吊り士」などのほかに三つのアカウントを加えた、合計五つのツイッターアカウントを使って、不特定多数の女性とDMでやり取りをしていた。

Hさんが「死にたい」や「#自殺募集」とツイートしたところ、アカウント「終わりにしたい」を使って白石がＤＭを送り、一緒に死ぬ旨の嘘をついて、Ｈさんに相模大野駅（神奈川県）まで来ることを約束させたのだった。なお、白石はＨさんに対して、別アカウント「首吊り士」でもＤＭを送っていたことを検察官は補足した。

十月十八日、白石とＨさんは十八時過ぎに相模大野駅で合流し、十八時三十四分に二人で相武台前駅の改札を出て、白石宅へと向かった。検察官は言う。

「被告はＨさんからカネを引っ張れそうもないと判断し、失神させレイプしてから殺害して、所持金を奪うことを決意。一方のＨさんは、被告と会ってから『一緒に死にたい』などと言うことはなく、被告のレイプから殺害、そして所持金を奪うという決意も知らず、同意、承諾はなかった」

犯行状況については、「いきなり胸を触り、馬乗りになって首を絞めるなどの暴行により、抵抗するＨさんを失神させ、失神中の彼女と強制性交をしたあと、失神中のＨさんの首を吊って殺害したうえ、所持金数百円を奪った」というもので、同日から十月下旬頃にかけて、これまでと同じように死体を損壊・遺棄していた。

死後なお陵辱されたＩさん

続いて、Ｉさん事件についての陳述となる。Ｉさんは当時二十三歳。一四年頃に精神障害と診断。一七年六月には同居していた母が逝去。同年九月初め頃から、生活保護を受給しつつ、新居での一人暮らしを開始し、兄に支えられながら、自立を目指していた。そんな彼女が殺害されたのは十月二十三日のことだった。

Iさんは九月下旬に「死にたい」などとツイート。そこに白石がアカウント「死にたい」で、一緒に死ぬ旨の嘘のDMを送り、十月二日にIさんが返信したことから、やり取りが始まる。同時期、白石はIさんとアカウント「ー」や「首吊り士」でもDMのやり取りをしていた。そのなかで、Iさんは白石と一緒に首吊りで死ぬなどと約束して、集合場所を決めたが、ためらいの気持ちから、会うことなく連絡を途絶えさせていた。

十月二十三日の午前中、Iさんは白石のアカウント「死にたい」にDMを送り、八王子駅（東京都）で会う約束をする。その際、「所持金が千円くらいしかない」旨もDMで送っていた。そこで白石は彼女を自宅に連れ込んでレイプしてから殺害。所持金を奪おうと決意したという。

十三時四十五分に白石とIさんは八王子駅で合流し、十四時四十七分に二人で相武台前駅の改札を出て、白石宅へと向かう。白石が供述した犯行状況を検察官が読み上げる。「いきなり胸を触り、馬乗りになって首を絞めるなどの暴行により、抵抗するIさんを失神させ、失神中の彼女と強制性交したあと、失神中のIさんの首を吊って殺害したうえ、所持金数百円を奪った。なお、Iさんが好みの容姿だったため、首を吊ったまま胸・陰部等を露出させた状態で写真撮影。死亡後に性交（屍姦）した。その後、同日から十月下旬頃にかけて、これまでの事件とほぼ同様に死体を損壊・遺棄している」

検察官は最後に、「Hさん、Iさんとも、被告に殺害されることは承諾していなかった」と主張して冒頭陳述を終えた。

被害者はなぜ死を願っていたのか

次に行われたのは、弁護側のHさん、Iさん事件についての冒頭陳述である。そこで弁護人は、「座間事件は難しいが、構造はシンプルだ……」という言葉を切り出す。

「死を望む人たちが白石さんのところへ行き、死が実現した。これはHさん、Iさんにも当てはまります。希死念慮はHさん、Iさんにありました。希死念慮は医学的に難しいものではありますが、これがすべての出発点です。希死念慮がなければ白石さんのところには行っていない……」

そのうえで、被害者がなぜ白石のもとへ行ったのか、行動のいきさつや生活状況、人となりを知る必要があると述べたのだった。

弁護人はHさんについて、彼女が中二でいじめに遭って不登校になったこと、高校は二年で退学して引きこもりになり、一七年四月からコンビニでバイトをしていたことを説明。性格は引っ込み思案で人見知り。おしゃれや買い物にも興味がなかったことなどを挙げた。そのうえで白石とのやり取りについて次のように触れ、殺人に承諾があった証拠とする。

「（十月十七日に白石と）『薬飲んで首吊り』や『明日十八時以降』などの具体的なやり取りをしたうえで、『よろしく』といっている。十八日は自分の意思でデパスを飲み、Aさんの（残していた）薬を飲んだ。これは強制ではない」

続いてIさんについてとなり、彼女の幼少期に両親が離婚したこと、中学は不登校で高校は退学し、二十歳のときに統合失調症との診断を受けたことを明かす。一七年二月から母親と二人暮らしをするが、同年六月に母親が死亡。九月から生活保護を受け、投薬治療を受けながら、支援施設に通う生活をしていた。性格については、兄以外と対話ができないほど対人緊張が強く、男性が苦手だったという。弁護人はIさんと白石とのやり取りを順に挙げ、以下の言葉でまとめた。

「十月二十三日、（白石のアカウント）『死にたい』に返信。『本日希望』や『昼の十二時』などのメッセージを伝え、自分の意思で薬を飲んで殺害されました」

そのうえで弁護人は、Hさん、Iさん事件について、白石と会う前の証拠は多いが、会ったあとや部屋のなかでのこと、殺害行為時のほとんどについて、白石の供述のみで構成されていると指摘。そして続ける。

「客観的状況と符合するとはどういうことか？　裁判では（検察側が）ツイート一覧を示し、白石さんは『推察です』と言っている。誘導し、推察しているにすぎず、それらは符合〝させている〟だけです」

この発言に対し、検察側は「異議あり。これは弁論です」と唱えた。裁判長は弁護人に対し、「ポイントだけ説明を」と告げる。

そこで弁護人は、白石がこれまでの被告人質問で、一旦口にした犯行時の様子について、「捜査段階の記憶が新鮮」との言葉で、法廷での証言を訂正していたことに触れ、それらについて、「いつの時点の供述か」や「ほかの事件と混同していないか」などを含め、「記憶なのか推察なのか、きっちり確認してほしい」と述べ、「死刑は他人事ではない。中立公正な裁判を」と訴えて陳述を終えたのだった。

二役を演じて二重に罠を仕掛ける

その後、Hさん事件についての証拠調べが始まった。まず検察側の証拠として、Hさんのツイート内容や、白石とやり取りをしたDMの内容が明かされる。

そのなかで、アカウント「終わりにしたい」を使う白石が、Hさんと一緒に自殺すると嘘をついて相模大野駅に誘い出すのと並行して、別人を装ったアカウント「首吊り士」で、Hさんとやり取りをしていた内容が出てきた。

首吊り士（白石）「首吊りは苦しまずに意識とぶ。もう予定たてましたか？」

Hさん「はい。十八時以降にその人（「終わりにしたい」）のところに行く予定です」

首吊り士「わかりました。急遽、話がなくなれば力になります」

つまり、白石はHさんに対して、二重に罠を仕掛けていたのだった。その仄暗い執念からは、彼が当時、すでに己の欲望に対して、なんのストッパーも有していない状態だったことが透けて見える。

その後、Hさんの母親への聴取結果が読み上げられ、彼女の生い立ちなどが紹介される。

「長女（Hさん）は、私が三十一歳、夫が三十九歳のときの子ども。長女の上に長男もいますが、夫は念願の女の子ということで、泣いて喜んでいました。（中略）平成二十九年四月からコンビニのアルバイトで働くようになった。大ざっぱで、面倒くさがり屋のところもありますが、優しい子。お酒は飲みません。アルバイトを始めてからは顔つきが変わり、生き生きとしていました。後輩ができたときは、先輩になったと嬉しそうでした。娘の人生はこれからだなと思っていました」

さらにHさんがいなくなったときの状況についての説明などが続き、最後に白石への処罰感情について、母親は調書のなかで訴える。

「被告にはみずからの口で真実を語ってほしい。遺族は真実を知る権利もある。娘と同じ苦痛を被告に味わわせたいが、それができないことも理解しています。許すことはできないので、極刑を望みます」

次に弁護側による証拠として、Hさんのツイッターでの送受信履歴が挙げられた。そこでは白石とは別の五人の人物とのやり取りが紹介され、彼女が、「生きるのがイヤになりました。なにも楽しいことがないし、仕事も楽しくない。彼氏、友達もいない」や「死にたいです」といった言葉を送っていたことが明かされた。

また、Hさんが閲覧していたウェブサイトの履歴も紹介され、そこには「ストレス」や「息苦しい」などのほかに、「殺されたい願望」や、「なんかもう疲れた、死にたい」、「一緒に死んでくれる人募集２０１７」といった、自殺願望を想起させる言葉が並んでいた。

その日の最後に、Hさんの母親への証人尋問が行われた。母親がHさんの在りし日の思い出について語るなか、それを聞く白石は、背もたれに体重をかけて腕を組み、目を瞑ったまま、表情を変えることはほとんどなかった。

第18回

11月11日

「快感を覚えてしまい、やめるつもりはありませんでした」

強制性交への依存

十一月十一日の第十八回公判。この日は八番目の被害者であるHさん事件についての被告人質問が行われた。

最初に質問に立った検察官は、白石がGさん事件を起こしたあとも、複数の〝心が弱っている女性〟に対して、ツイッターでDMを送り続けていたことを認めたことを受け、遠慮のない質問をぶつける。

検察官「Dさん、Eさん、Fさんを一週間のうちに殺害し（＊実際は十二日）、その後Gさんを殺したので、この（Hさん事件）時点で七人を殺害している。Gさんを殺害後、もうこれ以上はやめようとは思わなかったんですか？」

白石「当時のことを正直に話しますと、昏睡状態の女性に性行為をする快感を覚えてしまい、やめるつもりはありませんでした」

それはまさに薬物に対する依存のように、白石の精神を蝕んでいたのだろう。みずからやめようにもやめられないため、もし捜査の手が伸びていなければ、さらに被害者が増えていたと思わせる発言だ。

白石はHさんに対し、「死のうと思い病院をまわって安定剤を用意した」という嘘をつき、自分自身も自殺志願者であるように装って、彼女を誘い出している。その際に、一緒に自殺する場所として、「山か森か部屋か」という三択を用意して、Hさんに選択させていた。その理由を問われ、彼は答える。

白石「家だけにすると（選択の）幅が狭くなり、家に行きたくないとなると、連絡が途絶えてしまうからです」

検察官「山か森を選択する可能性もあった」

白石「私自身が交通費や移動時間をかけたくないので、相武台に来させる流れを作りました」

白石は相手が一旦家を出て、遠くまで移動する手間をかけていれば、最終的に自宅にまで連れ込む〝流れ〟を作る自信があったようだ。そのため、Hさんに対しては相模大野駅構内のドラッグストアを待ち合わせ場所にした。

白石「最初に相武台にすると、神奈川では田舎なので、来る気をなくす可能性があったので……」

検察官「Hさんが来ない可能性があると思ったのですか？」

白石「直前になって『やめます』と、来なかった経験が過去にあったので、バックレられても、自分の時間が無駄にならないようにしたかったんです」

小田急線の相模大野駅は、白石宅の最寄り駅である相武台前駅から、新宿方向に二駅の位置。各駅停車と準急しか止まらない相武台前駅と違い、急行や快速急行なども止まる。

白石「（相模大野駅の）エスカレーターを降りたところで、『はじめまして』と。（Hさんは）おとなしそうで、緊張している印象でした」

それから二人は相武台前駅に移動し、歩いて白石の部屋に向かっていた。

白石「私の部屋で一緒に死にましょうと言って、部屋に行くきっかけにしました」

そういう話で白石の部屋に行きはしたが、Hさんに深刻そうな様子はなかったという。

白石「シンプルに言えば、遊びに来たような感じです」

検察官「遊びに来る目的に見えたというのは、どういうことですか？」

白石「寂しい、疲れたとつぶやく人の一部は出会い目的の人もいて、出会い目的なのかなと推察しました」

検察官「Hさんはなぜ出会い目的だと？」

白石「会ったあとに深刻な様子はなく、これから死にますという感じではなかった。（中略）笑っていたときは明るいように見えました。私の印象ではとても幼い、無邪気な感じ。発言や行動も子どもっぽい……」

そこで白石は、Hさんのヒモになるのではなく、強制性交しようと決めている。

検察官「Hさんと同意性交したいとは思わなかった？」

白石「思わなかったですね。カネを引っ張るか、レイプによる快感を得たかったので」

検察官がHさんの頭部から薬物の反応が出たことを告げたところ、白石はいつもの犯行手口について語っている。

白石「私の手口としては、愚痴や悩みを聞き、相手が疲れたりや、不安な様子を見せたりしたときに酒と薬を提供するというものです」

Hさんについても、睡眠導入剤が効いて、だるそうにしたところで襲いかかり、失神させていた。

白石は、これまでと同じ犯行内容の、強制性交から殺害、さらに遺体の損壊・遺棄について、検察官に質問されるまま淡々と答えた。

首吊り希望者なら誰でも良かった

検察官による被告人質問が終わると、続いて弁護人による被告人質問が始まった。白石は当初こそ、「黙秘します」と答えることもあったが、この日は比較的素直に応じ、Hさんの様子についても、「会った直後はおとなしそうとの印象で、その後、部屋では携帯を見せたり、過去の話を自分からしてくれた」などと語っている。

続く裁判官による被告人質問では、「『寂しい』、『疲れた』、『死にたい』という女性に片っ端からアプローチした」と語る白石の、相手を選ぶ基準に焦点が当たった。

裁判官「（DMで）繋がった人のなかでの取捨選択はどうしていましたか？」
白石「基本せずに、いますぐ会える方に片っ端からアプローチしていました」
裁判官「連絡をやめた人は？」
白石「練炭や飛び降り希望の人はやめました」
裁判官「首吊り（の提案）にのってくれれば誰でも良かった？」
白石「はい」
裁判官「年齢は？」

白石「気にしてないですね。年齢は会ってからわかった人もいます」

白石が自殺の方法として、練炭や飛び降りを希望する相手を避けたというのは、やはり自宅に連れ込める可能性が低いからだろう。一方で、年齢を気にしなくなったというのは、二番目の被害者であるBさんが当時十五歳であったことから、それ以降はタガが外れてしまったということなのだろうか。

また、当初のうちは〝足がつく〟ことを異様に警戒して、待ち合わせて会っても、距離を空けて歩いたりしていたが、この時点ではそうした警戒は皆無である。それが彼の〝慢心〟によるものなのか、誰かに〝自分を止めてほしい〟と無意識のうちに願っての行動なのかは、判然としない。

そうした疑問への答えが出ないまま、この日の被告人質問は終わったのだった。

第19回
11月12日

「殺害後の性交に抵抗は湧かなかった。気持ち良かったです」

十一月十二日の第十九回公判では、最後の被害者であるIさん事件についての、証拠調べと被告人質問が行われることになっていた。

Iさんの兄が白石のアカウントを発見

まず検察側請求証拠について、白石とIさんとのツイッターでのやり取りが紹介される。Iさんは白石が開設したアカウント「I」との間に八件、「首吊り士」との間に三件、「死にたい」との間に百四件の、DMをやり取りしていた。

その後、具体的なやり取りも紹介され、そこで白石が偽装していた、みずからも自殺志願者というキャラクターが垣間見える。

Iさん「自殺募集したきっかけは」

白石「高校のとき、自殺未遂してからずっと死にたかった。社会に出てからも人間関係がうまくいきませんでした」

Iさん「私も人間関係や母の死から立ち直れなかった」

という内容や、次のようなものもあった。

白石「しばらく引きこもっていたので、外がまぶしい」

Iさん「私も引きこもりでしたので、外がまぶしいのがわかります」

続いて、白石とIさんの犯行当日の行動などの証拠が挙げられ、そのなかには白石のスマホに保存されていた、Iさんの写真についての説明があった。それはブラジャーが切断された全裸で、口には粘着テープが貼られていた。首にタオルが巻かれ、その上に巻かれたロープで首を吊られた状態だったという。

次にIさんの兄に聴取したIさんの生前の状況などが、検察官によって読み上げられる。そこではIさんが母親と一緒に「民間シェルター」に逃げ込んだ過去など、苦難の生活を送っていたことが語られた。また、「(妹は) 他人と会話がうまくできないため、友人もいなかった。寂しさを解消してあげることが兄の責任だと思っていた」と、気にかけていた兄の心情が伝わってくる。

犯行翌日の十月二十四日にＩさんが通っていた支援施設の職員から、彼女が来ていないことを知らされた兄は、Ｉさんの部屋に行く。するとパソコンの電源が入ったままで、ツイッターの画面が表示されており、机の上には「××（兄の名前）、ごめんね。いままでありがとう」との書き置きが残されていた。Ｉさんのパスワードを知っていた兄は、それを入力してツイッターの画面を開いたそうだ。

「ツイッターで『死にたい』のアカウント名の人と、自殺に関する詳細なやり取りをしていました。そこで高尾署に行方不明届を出しました。ツイッターで妹と連絡が取れないこと、自殺を募る男と会っていたことを発信すると、ある人がＤＭをくれて、『〈首吊り士〉とやり取りしたことがある。死にたい人を殺すという人だ。この人に依頼して、殺されてしまったのではないか』と教えてくれました。調べてみると、『死にたい』と『首吊り士』には共通点があり、同じ人物ではないかと思いました」

最後に、兄が白石への処罰感情を語った聴取結果を検察官が声にする。

「妹は生きているのが辛く、自殺を選んだと思うようになりました。凶悪な犯人に無残にも殺され、無残な姿になってしまった。大切な妹を殺され、許すことができません。

ショックを受けるので、妹のことは考えないようにしていましたが、大切な妹を殺されたことに対し、怒りがこみ上げてきます。痛かっただろうし、苦しかっただろう。人殺し行為は人間がやるものではない。命をもって罪を償ってもらいたいです」

Iさんを吊った横で食事していた

続いて弁護側請求証拠として、Iさんの通院と診療記録、その他、Iさんのツイッターの内容と、白石以外の人物に対する、一緒に死んでくれる人を募集するDMでのやり取りが読み上げられた。

昼の休廷を挟んで、午後からはIさん事件についての被告人質問が行われ、まずは検察官が質問に立つ。

Iさんと一緒に自殺するつもりはなかったと答えた白石に、検察官は質問する。

検察官「所持金について千円くらいしかないとIさんに言われ、どう思いましたか？」

白石「おカネにはならないと思いました。部屋に連れ込んでレイプする方向で話を進めようと……。殺害して所持金を奪おうと思いました」

検察官「容姿がわからなくても、会ってレイプしたいと思いましたか？」

白石「はい、そうです。昏睡状態の女性と性交したり、縛った女性と性交することに快感を覚えていました。ある程度の外見にはとらわれない心境でした」

続いて、白石とIさんとのDMでのやり取りについての質問となり、彼女に対して送っていた、高校時代に自殺未遂をした話や、社会に出て人間関係がうまくいかなかった話、さらには引きこもっていた話など、そのすべてが嘘で、作り話だったことを認めた（＊ただし、後に母親の調書のなかでは、真偽不明ながら同様の話が出現する）。

そうした嘘をついた理由について白石は、「相手が自殺志願者で悩みを抱えている以上、フリをしたほうが信用を得ることができると思った」や「相手がコミュニケーションを苦手と発していたので、私も同調する意味で送った」と答えている。

その後、八王子駅で待ち合わせたIさんを見たときの印象を聞かれ、「外見が可愛らしいと思いました。私と同じくらいの身長で、顔も可愛くてスタイルが良かった」と、好みの容姿だったことを明かす。

Iさんに対し、「部屋にはロフトがあるので、私の部屋で死なないかと言って納得してもらった」白石は、彼女を促して八王子駅から相武台前駅へと移動。自宅に連れ込んだ。そして酒と薬を勧め、だるそうな姿を見せたIさんを襲い、欲望を果たしている。

やがてIさんを殺害するため首を吊った白石は、信じ難い行動に出ていた。

検察官「Iさんの首を吊ったあと、××（コンビニエンスストア）に行って、食事を買っている。Iさんを吊った横で食事をしたのですか？」

白石「そうです」

検察官「ほかに首を吊ったあとにしたことは？」

白石「上の着衣を切り捨てて、前をはだけさせて写真を撮りました」

検察官「なんのために？」

白石「あとで自分で自慰行為をするためです」

その後、白石は首にかかったロープを切って、Iさんに対して屍姦行為に及んでいる。

検察官「殺した相手が亡くなったあとに性交することに抵抗は？」

白石「複数の人を殺害していて、殺害後の性交に抵抗は湧かなかった。気持ち良かったです」

そして白石は、Ｉさんへの屍姦行為に続いて、浴室での解体に移ったことを口にした。

養ってくれそうな四人の女性とやり取り

検察側の被告人質問を終え、続いて弁護側の被告人質問となった。

弁護人「逮捕されてなかったら、どんな生活をする予定でしたか？」

白石「私のスケジュールでは、いずれかのタイミングで遺体をレンタルルームか、山に埋めるなどして部屋から持ち出し、部屋を解約して引っ越し、ツイッターで見つけた女性の部屋に転がり込んで、リセットするつもりでした」

その日は珍しく質問に答える白石と、弁護人とのやり取りのなかで、犯行時も彼が父親から月に三万円の小遣いをもらっていたこと、Ｉさん事件の前後には、所持金が底をつきかけていたことが明らかになった。そうしたことから、白石はヒモになる相手の女性を探しており、Ｉさん殺害時には、四人ほどの女性とやり取りをしていたという。

だが白石は、カネを得ること以上に、強制性交の刺激に傾いていたことが、弁護人に続く裁判官による被告人質問のなかで語られる。Ｉさんについて、会う前から強制性交をするつもりだったと認めた白石に、裁判官は聞く。

裁判官「Gさん以降は（カネか強制性交かの）見極めに要している時間が短いのですが。たとえばBさんは高校生でしたが、親はカネ持ちかもと、見極めようとしていますが？」

白石「レイプという行為そのもの。昏睡状態だったり、女性を縛ってレイプしたりすることに快感を感じてしまい、比重が当時はおカネがなによりも大事だったのですが、レイプがしたいと、考えが変わっていってしまったところが、正直あります」

裁判官による被告人質問の後半では、白石が逮捕当初から犯行を認めていたことに触れ、その理由について、改めて問いかけている。

白石「逮捕直後はものすごく迷いました。死体損壊や死体遺棄だけでいこうと思っていた時期もあったのですが、部屋の状態が遺体や証拠品が残っていたり、自分の精液や血痕なんかがそこら中に付いていると思うので、性的な目的があったんじゃないかと勘ぐられたり、（被害者の）財布も残していたので、奪う目的だったのではと聞かれると思い、諦めて観念しました」

裁判官「被害者が自殺をしたがっていたので、手伝っただけと言おうとは？」

白石「迷いましたが、どこかで辻褄（つじつま）が合わない点が出てくると思い、諦めました」

こうした白石の完全自供についての確認ともいえる質問に対し、「もうこれだけ証拠を残した状態で捕まったら、どうにも説明できないなと思った」と語るなど、彼自身が完全に白旗を揚げていることが伝わる公判となった。

第20回
11月16日

〈極めて自己中心的な単なる殺人〉

検察側は「承諾がなかったことは明らか」と主張

十一月十六日の第二十回公判は、Hさん、Iさん事件についての、検察側による中間論告から始まった。弁護人の「(〝いきなり失神から強制性交〟は争わないが)被告に殺害されることを承諾していた」という主張について、検察官は以下のことを訴える。

・〝レイプされた被害者が直後に犯人から殺されるのを承諾〟などということは常識に照らしてあり得ない
・信用できる被告人供述(各被害者が抵抗していたことなど)と矛盾
・当初の意図と明らかにかけ離れた態様で死に至っている(〝自殺するつもり〟と〝他殺されてもよい〟はまったく別である。被告とのメッセージなどに自殺目的を窺わせ

るものはあっても〝被告による殺害〟や〝レイプを伴う殺害〟の承諾を窺わせるものはない）

・（弁護人の主張を前提としても）真意に基づく承諾とは評価できない（一緒に死ぬと嘘をつき、レイプ・所持金奪取の目的を隠していたし、各被害者が本当の意思・目的を知っていれば、承諾したはずがない）

それらを総合して、弁護人の主張を採用する余地はないとしたのだった。

続いてHさん、Iさん事件について個別に検証が行われたが、割愛する。検察側はこれらの事件の本質は、白石が「性欲を満たしつつカネも得よう」との目的で、各被害者を自宅におびき寄せて、強制性交から殺害、さらにカネを奪ったという、「極めて自己中心的な単なる殺人」であり、HさんとIさんの承諾がなかったことは明らかであるとした。そのうえで強盗・強制性交等殺人、死体損壊、死体遺棄罪が成立すると主張したのだった。

弁護側は被害者が自分だけ薬を飲んだ点に着目

次に弁護側による中間弁論が行われた。そこで弁護人はHさんについて、母親の証言では、「バイト以外は基本的に家にいる」、「ほとんど出かけることがない」と説明。Iさんについては兄の証言を使い、「男性が苦手」、「対人関係の構築が難しい」とした。

そのうえで、Hさん、Iさんについて、「強い決意がないとここまでの行動はしない人たちで、家族以外の人に一人で会うことは大事だった。そこには死の決意があったとしか考えられない」と訴えた。

また、両者が白石宅で薬（デパス、ハルシオン=睡眠導入剤）を飲んだことにも弁護人は触れ、次のように言う。

「Hさんは、デパスは被告に勧められて飲み、Aさんの薬（ハルシオン）は自分から興味を示して飲んだ。IさんはAさんの薬を飲んだ。ともに被告には『一緒に飲みませんか』とは言わなかった。一緒に死にたいのなら、一緒に飲もうと言うはずです。事前のやり取り通り、自分の意思で自分だけ薬を飲んだ。死の実現を加速させる行為だった」

続いて、Hさん、Iさん事件においては、白石が具体的に記憶をしておらず、供述調書の内容が抽象的であると指摘。その事実の信用性に疑義を呈した。

最後に弁護人は、「（被害者の）承諾がないというのには疑問が残ります。検察官は『承諾がないのは間違いない』と主張しますが、間違いないまでの証明はできていません」と述べ、中間弁論を終えたのだった。

第21回
11月24日

「トイレは遺体がある状態でしています」

白石の母親が語る彼の半生

前回公判の八日後となる十一月二十四日に、第二十一回公判は開かれた。この日は弁護側が申請し、証拠として採用された白石の母親の調書が読み上げられる。

法廷での白石は腕組みをして目を瞑り、時折首を動かす。

白石のいまだに明かされていない半生が詳らかにされるため、ここでは、その調書の全文を掲載。内容をできるだけ忠実に再現する。なお、法廷で読み上げられた際のメモに準拠していることから、一言一句が調書の通りというわけではないことをお断りしておく。

「自分の産んだ子がまさか九人を殺害。いまだに信じられず、いったいなにが起きたかわかりません。平成二十八年（二〇一六年）に夫と離婚しました。九人も亡くなった事件の犯人の家族として、自分が生きていていいのか、親として責任の取り方がわからない。

夫とは平成元年（一九八九年）に入籍し、町田市内に住んでいるときに妊娠。平成二年（九〇年）十月九日に出産。三千八十六グラムの元気な赤ちゃんで、夫と喜びました。隆浩という名前は字画や組み合わせで決めました。初めての子育てで目が回りましたが、子どもの成長が毎日幸せでした。平成五年（九三年）に長女を出産し、座間に一戸建ての家を買いました。夫は休日に子どもを可愛がる子煩悩な父で、年に一回くらい旅行に行き、実家に子どもを連れて帰る、どこにでもある家族でした。子どもには自由に物事を考えられるようになってほしいと思っていました。

初めての子どもなので、甘やかしすぎたのかもしれません。娘と比べてわがままに育ちました。子どもに手を上げたり、虐待をしたりはありませんでした。愛情を注いで育てました。五歳で自宅近くの幼稚園に。おとなしい性格でした。サッカークラブに入りましたが、ボールを回してもらえず面白くないと言い、一年でやめました。大病なく小学校に。低学年の頃は扁桃腺が腫れやすく、よく病院に行きました。おとなしくて内弁慶で、家では学校での出来事を話していました。

テレビゲームが流行っていたので買ってあげたら、喜んでゲームをしていました。一日二時間と決めていましたが、時間を守れず何度も注意しました。小学生の頃は、近所の同級生宅を行き来して遊んでいました。親ばかかもしれませんが、素直な子でした。走ることが好きでゲームが好きでした。低学年でも高学年の漢字が読めたので、なぜかと聞くと、『ゲームの攻略本に書いてあった』と言っていて、そこまでゲーム好きなのかと感心しました。国語の成績だけは良かった。クリスマスや誕生日のプレゼントにはゲームソフトやゲーム機が欲しいと言っていました。当時、習字を習っていましたが、一年くらいでやめています。高学年になると、ゲームの時間が守れずに口げんかをすることも。ただ、最終的には言うことを聞いていました。

地元の中学に入学し、野球部に入りましたが一年でやめました。中二から学習塾に通うようになりましたが、ずる休みをするようになり、やめさせました。中二から陸上部に入り、楽しそうにしていましたが、中三でオスグッド（膝の病気）になったのでやめました。中学の成績は塾をやめてから下がり、クラスでも下のほうに。

中二までは楽しそうにしていましたが、中三で仲良しの友達とクラスが分かれ、友達がいなくなり、学校を休みがちになりました。中三までは『休みたい』と言うことはありませんでしたが、『学校がつまらない』や『気が合わない』と言っていました。もしかしたら、いじめがあったのかもしれません。強制的に学校に行かせることもありましたが、かわいそうでした。

中三で不登校になり、さらに内気になりました。家にいても食事以外は部屋に閉じこもりました。家ではゲームばかりしていました。必要最低限の会話しかせず、娘（妹）ともほとんど会話しません。中学のときに携帯を持たせました。娘が中学で吹奏楽部に入り、熱心な部活だったので、娘の部活を中心とした生活になりました」

高校時代、練炭自殺のグループに参加と話す

「高校受験は大学を目指してほしかったのですが、就職に有利な高校を選びました。入学当初はちゃんと通学していましたが、友人は少なかった。家で学校の話はなく、曖昧な返事でした。部活には入らなかったと記憶しています。検察官から『柔道部に入らなかったか？』と聞かれましたが、その記憶はありません。柔道着を洗濯した記憶はありますが、授業で使ったと記憶しています。

学校について『レベルが低い』や『まわりの同級生がダラダラしていてつまらない』と愚痴をこぼしていました。あと、（中学時代に）『塾をやめなきゃよかった』と後悔していたことも。徐々に休みや遅刻をするようになりました。ただ、高校のときに『友達

と遊びに行く』と外出したこともあり、まったく友達がいないわけではなかったと思います。

家ではゲームばっかりしていました。部屋を片付けず、散らかしっぱなし。何度も注意したが、『いまやろうとしていたのに、やる気がなくなった』と言っていました。干渉されることが嫌いで、注意されると頑なにやらない。夫にも注意してもらった。ゲームをやめないので部屋のブレーカーを落としてやめさせたら、壁を殴って穴を開けました。暴力を振るうことはありませんでしたが、ブレーカーのときに、頭に血が昇ると暴力的になる一面があると思いました。年頃なので、いつかわかってくれると思っていました。親からの注意が嫌いで、父とのコミュニケーションは減りました。

高校時代に××というスーパーでバイトをし、真面目にやっていました。家では部屋に閉じこもってゲームばかりしていて、就職を希望したが、欠席や遅刻が多すぎて学校推薦ではだめなので、××（スーパー）に正社員になることを願い出て就職しました。私も夫も安心しました。

高校を卒業する前に三回家出をしました。北陸、山陰、北海道に。携帯で自殺サイトを見ることもあり、自殺しようとしたが死ぬことができず、数日で帰ってきました。突発的に死にたくなることがあったと思う。『もうどうでもいいや』や『生きてても仕方ない』と言うので、『生きていたら楽しいこともある』と私は言いました。山陰に行ったときは帰りの電車賃を持っていなかったので、本気で自殺を考えていたと思います。夫が払いに行きました。当時、練炭自殺が流行っていました。家出から帰ったとき、『練炭自殺のグループに行った』とも言っていました。

××ではベーカリー部門で働いていて、(勤務地が)戸塚だったので一人暮らしを始めました。手先が不器用なので向いていないが、応援していました。同じ頃に私は夫と別居しました。夫は『隆浩のことは任せてくれ』と言っていました。そして、『隆浩とは連絡を取らないでほしい』と言われました。なぜなら、カネにだらしなくて、貸してくれと言ってくると思うから、と。実際、何度か隆浩におカネを貸したことがあり、口座に振り込んだこともあります。『会社の先輩との付き合いで足りない』と言っていました。その後、平成二十九年の四月、夫からの電話で隆浩が逮捕されたことを聞きました。水商売のスカウトで逮捕されたとき以来、隆浩とは話をしていません」

ここに出てくる自殺未遂の話は、あくまで白石による母親への説明であり、事実の確認はとれていない。母親の同情を買うための〝詐話(さわ)〟であった可能性もあることを付記しておく。

続いて白石の性格について、母親の供述調書が読み上げられた。幼い頃は「虫も殺せない気の小さい子だった」とのことで、父親との関係は小学校低学年までは良かったが、ゲームについて注意されるようになってから関係が悪化。「約束を守れ」と注意してくる父親をうるさい存在だと思うようになったという。最後に母親は次の言葉を残していた。

「事件を受けて、一緒に住んでいた隆浩を思うと、本当に信じられない。なぜこんな事件を起こしたのか知りたい。自分の育て方が悪かったのか、疑問ばかりです。九人のご遺族には謝っても謝りきれません」

自殺は親を懐柔する〝最強のアイテム〟

次に、弁護側が証拠として申請していた、白石が通院したクリニックの通院歴が取り上げられた。一七年六月に（バイト先の倉庫業務の）「シフトが不規則で寝れない」と不眠を訴え、デパスとハルシオンが処方された記録と、同年九月に同様の症状を訴えて、同じ薬が処方された記録が読み上げられる。

母親の調書に動揺したのか、証拠調べを聞く白石は、全般的に落ち着きがない様子で、ふだんよりも動きが多い。

次に白石の責任能力について、弁護側による被告人質問が行われた。そこではまずスカウト時代から、職業安定法違反容疑で逮捕され、保釈後に倉庫でアルバイトをしたときまでの話が出る。これまで弁護人の質問に対しては、黙秘を貫いたり、不機嫌な表情を見せることの多かった白石だが、この日は、しっかりした口調で答えた。

白石は倉庫のアルバイトを、先の逮捕についての判決が出てすぐにやめているが、その後、父親にカネを無心するため、「死にたい」や「働いていく自信がない」と落ち込んでいるフリをしていたことを口にした。

白石「父が家にいるのをわかっていて、わざとロープを横に置いて寝たり、ベランダの柵にまたがって父が帰るのを待ったり……」

しかし実際に死にたいとの気持ちはなく、あくまでもカネを得るための手段だったことを認めている。

白石「(希死念慮を装った)効果は発揮されました。この期間、未払いだった住民税や保険料など、全部払ってもらえました」

つまり、彼自身が〝自殺〟という武器を利用して、身内とはいえ、相手を懐柔する術をすでに知っていたのだ。

弁護人「カネを無心するために自殺しようとしたのはなぜ？」

白石「高校のとき、似たようなことをして、父母が軟化してカネを引っ張れた過去があったから、同じようなことをしたんです」

この証言からも、高校時代の白石が母親に話した〝自殺未遂〟の信憑性が疑われる。つまり白石にとって、自殺とは〝最強のアイテム〟だったのではないか。

事件当時、ファミレスの面接に行っていた

こうしたやり取りに続き、彼が所持していた薬の話を経て、遺体解体の話になった。

弁護人「遺体がユニットバスにあるとき、トイレやシャワーは？」

白石「シャワーはキレイにしてから使いました。トイレは遺体がある状態でしています」

弁護人「部屋にいるときの心境は？」
白石「証拠の処分しなきゃなとか、やり取りしてる相手がカネ引っ張れそうだなとか」
弁護人「被害者の気持ちを考えたことはなかった？」
白石「はい」

Aさん殺害時には、二日間かかっていた遺体の解体だが、Iさんでは「最終的には実時間は二から六時間だったと思う」と、最短二時間で解体作業を済ませていたと話す。

なお、この発言については、休廷を挟んだ午後の弁護側による被告人質問の続きのなかで、「午前中の質疑で誤りがある」と白石から申し出て、「遅くとも二、三時間以内に終わっていた、と発言を訂正します」と修正している。

また、午後の被告人質問では、遺体解体に際して、AさんからDさんまでは頭痛や吐き気を催したが、それ以降は薄まったこと、Bさん以降は遺体解体の負担よりも、「レイプの快感のほうが勝っていた」ことを証言した。

その後の検察側による被告人質問では、殺害行為への罪悪感についての質疑となり、白石は「ためらいがあったのはBさんまでというのが、正確な答え」と、Cさん以降の犯行には、ためらいがなかったことを認めている。

さらに検察官から、自宅に来ても殺害しなかった甲さん（Yさん）を含めた三人の女性と、被害者たちの違いを尋ねられ、「私に対する好意があるか、ないかと、カネを持っているか、持っていないかの二点です」と答えた。
じつは白石は、犯行を重ねていた時期に、ヒモではなく自活を模索したこともあったという。

検察官「犯罪をやめて働けばよかったのではないですか？」
白石「検討し、面接には行ってます。九、十月に近所のファミレスに面接に行きました。××（店名）だったと思う。配達なら採用できるけど、ホールとキッチンは人がいるので難しいとのことでした。運転は自信がなかったので、『ホールとキッチンじゃないならいいです』と、自分から断りました」

一見、まともな行動に思える。しかし、これに続くやり取りは以下の通りだ。

検察官「働かずに楽をして暮らしたいが犯行の出発点です。（犯行期間中の）二カ月の生活はどういうものでしたか？」

白石「すごく楽で、自分の快楽を追い求めたような生活でした」

検察官「取り調べでは『部屋に誘い込んだ女性で性欲を満たせて、おカネを奪うことで楽に生活できた。私なりのゴールに辿り着くまでは続けようと思った』と供述している。それは本心ですか？」

白石「本心でした」

被害者一人一人にいま、なにを思うか

この被告人質問の最後では、検察官がこれまで遺族がたくさん傍聴に来ていることに触れ、「（被害者たちが）どれほど愛されていたか、息子や娘を亡くしたことの心境、あなたなりに理解できましたか？」と尋ねたところ、白石は「しっかりと聞いていました」と答えた。そこで、AさんからIさんまで、一人ずつに対する思いを、改めて問われた。

◎Aさん

白石「過ごした時間がほかの人よりも長かったこともあり、なにも殺すことはなかったんじゃないか、真面目に口説いて、真面目にお付き合いすればよかったのではないかと思っています」

検察官「気持ちが変わる原因になったことは？」

白石「Aさん自身がいろんな人に必要とされていて、死んでいい人間では決してなかったこと。証拠を聞いていて、もしかしたら自分に対して好意を持っていたのではないかと思いました」

検察官「Aさんの母親も涙ながらに証言した。お兄さんも出てきた。遺族への思いは？」

白石「Aさん本人は関係があったので、いろいろ思うところがありますが、本人以外とは、証拠は見ていますが、面識はないので、そこまで強い感情は湧きませんでした」

◎Bさん

白石「Aさんとは違い、会って短時間で殺害してしまったので、正直印象は薄いです」

検察官「遺族に対して思うことは？」

白石「証拠は見ましたが、遺族との面識はないため、正直、なにも思いませんでした」

◎Cさん

白石「明確な殺害の目的があり、それもあってか、証拠隠滅の達成感しかありません。

悪いという気持ちはないです」

検察官「遺族に対しては？」

白石「証拠は見ましたが、遺族との面識はないため、正直、なにも強くは思いませんでした」

◎Dさん

白石「甲さんを待たせていたので、早く済ませなきゃということで、あっという間に命を奪ってしまいました。思いがとくに残ることもありませんでした」

検察官「遺族に対しては？」

白石「証拠は見ましたが、遺族との面識はないため、思いが強く残ることはありません」

◎Eさん

白石「会って短時間で殺害してしまっているので、申し訳ありませんでした。お子さんがいらっしゃる方でしょうか？」

検察官「はい。当時六歳の娘さんがいた二十六歳の人です」

白石「お子さんのこれからを思うと、正直、申し訳ないことをしたと思ってます」
検察官「夫や母親が証言しています」
白石「お子さんのお母さんを奪ってしまったことについて、申し訳なく思っています」

◎Fさん
白石「性欲が勝って襲ってしまったところがあるが、殺す必要はまったくない子でした。本人に対し、申し訳ないなと思っています」
検察官「遺族には？」
白石「証拠は見ましたが、遺族との面識はないため、とくに思うことはありません」

◎Gさん
白石「会って間もなく殺してしまったので、とくに思うことはありませんでした」
検察官「遺族には？」
白石「証拠は見ましたが、遺族との面識はないため、とくに思うことはありません」

◎Hさん

白石「会って間もなく殺してしまったので、強い印象が残ることはありませんでした」
検察官「母親の証言を聞いて思ったことは？」
白石「大切にされている人の命を簡単に奪ってしまったんだと思いました」

◎Iさん
白石「Iさんと会ったとき、『私（Iさん）の部屋にロフトがあるので、一緒に死にませんか』と言われたときは、彼女の部屋に行って、Iさんに好意があれば真面目なお付き合いをすればよかったと感じています」
検察官「Iさんの兄に対しては、取り調べで『(兄の）通報がなければ警察が来ることもなかったと思うので、とても恨んでいる。これからも恨みます』と話していた。いまは？」
白石「Iさんの兄と、協力者の女性（Qさん）に恨みは残っています」
検察官「どうして？」
白石「結果としては、通報が逮捕の原因となったからです」
このように、一部で反省の言葉を口にしたが、遺族に対しては、ほとんど反省の意思を見せることはなく、なかには敵意を口にするなどして、被告人質問を終えたのだった。

こうした白石の態度に、被害者参加人席からは、時折すすり泣く声が聞こえた。

知的水準が高く、ＩＱは１１０

その後、第二回公判に出廷した、白石の精神鑑定を行った精神科医（以下、医師）による、鑑定の結果と経過の報告が行われた。

白石の精神鑑定が行われたのは一八年四月から同年九月まで。計二十一回、六十二時間に及ぶ面接が実施された。成育歴については、「学童期まで円満で被虐待はなし。中学以降は父との不仲が続いた」とある。発達歴は「精神疾患の所見はない」というもの。

白石の心理検査結果については、以下のことが挙げられた。

・知的水準が高く、記憶力に優れる
・知識は浅い
・対人面は穏やか
・表面的に常識的な対応ができる
・他者の心情が読める
・他者との交流を求めず

・家族、家庭に葛藤があり価値を持たない
・内的には疎外感、攻撃性
・ストレスを蓄積すると、常識外れの残忍な衝動的行動をする可能性がある

そのうえで、発達障害を含む精神障害の所見はなしとされた。同時に、犯行時にも精神障害は認められなかった。

白石の犯行については、まず「殺害の一線を越えること」について、一件目は悩んだ末のものであるとし、「殺害の決心は大きなもので、絶対に捕まらない決心と一体だった」と解説。次に「殺害を反復したこと」の理由としては、(1)一件目の成功体験(2)騙して呼び出して殺害、処理に慣れていった(3)発覚の気配がなかった(4)発覚しない自信があった、ということで、欲求を満たすうちに人数が増えていったとのことだった。

また、意識を失っている間に性交したことに対しては、「意識を失った女性との性交に快感、スリル、興奮を得たことで、ふたたび体験したい欲求を抱き、相手の意識を喪失させた状態での性交の性癖を強め、目的になった」と指摘。なお、遺体の損壊や遺棄については、「(証拠の)隠滅目的で、興味や快感ではない」との見解だった。

さらに白石のＩＱについて、検察官とのやり取りのなかで、医師からは次のような説明がされている。

医師「知能指数は110。平均は100なので、平均の上。面接時は冷静で合理的。なにが言いたいのかわかる。的確に回答し、理路整然としている」

後半の裁判官と医師とのやり取りでも、以下の質疑応答があった。

裁判官「（白石に）発達障害がないことの説明を詳しくしてもらえますか？」

医師「被告は発達過程で、特段他の子と比べて発達が届いてないという所見は得られていません。母子手帳にも記載はなかった。障害があった場合、IQ110を取ることは不可能。（中略）被告は勉強しなくても、能力として持っている観察能力は長けています。状況を俯瞰（ふかん）して見る能力があります。

知識に関する得点がかなり低かったのは、発達障害があるからではなく、高卒だから。勉強していないので、知識は低い。トータルしてみると、全体を見通したり、状況を見通す能力は高い。記憶についても、パズルはできるが、動作が緩慢だった。彼は私がなにを考えて質問するのかつぶさに理解しました。本件犯行でも、相手の気持ちを読むことを盛んに発揮できている。中核的障害はまったく認められません。全体を見渡しても、精神障害を疑わせるものはありません」

精神障害という言葉では片付かない。白石隆浩という人物はいったい何者なのだろうか。そうした疑問を投げかける公判だった。

第22回
11月25日

「（警察が一人で来たら）殺すつもりでした」

ナタや包丁を傍に置いて寝ていた

前日に続く十一月二十五日に開かれた第二十二回公判は、白石に対する最後の被告人質問から始まった。弁護人がまず質問する。

弁護人「一連の事件を起こしたことについて、後悔していますか？」

白石「はい、しています。結果的に捕まってしまったので……」

被害者の顔を一人一人憶えているという白石に対して、弁護人はAさんから順番に個別の記憶を尋ねていく。Cさんまではきちんと答えていた白石だったが、Dさんについての質問になってからは、三問続けて「前回お話しした通りです」と答え、本人の姿勢も俯き気味になる。Eさん以降の質問に対しては、すべて「黙秘します」と答えるようになり、背もたれに寄りかかったり、上を向いて面倒そうにしながら、その言葉を繰り返す。

Iさんについてまでの質問が終わり、弁護人がさらに質問を重ねても、白石の返答は変わらない。途中で白石は水を求め、続いて別の弁護人が質問に立つ。

弁護人「私とは一番長く話をしましたよね」

白石「はい、しました」

この弁護人は、一連の公判で弁護人に不満があるという白石に、本来ならば、裁判をどうしたかったのか尋ねた。

白石「私の親族に多大な迷惑がかかっていることが、逮捕されてわかっていたので、公判はできるだけ簡潔に終わらせて、親族が取材を受けたりといった、迷惑がかからないように配慮したかった。できるだけ報道が出ないように、おとなしく罪を認め、一部の被害者に謝罪して終わらせたかった」

弁護人「証拠についても、(争わずに)全部同意してほしいと言っていましたね」
白石「できるだけ簡潔に終わらせるため、そうしてほしかった」

続いて検察側の質問となった。これまでの被告人質問で、当時のことをおおむね記憶の通り話せたと言う白石に、検察官は問う。

検察官「明日いよいよ判決前最後(の公判)で、その後は判決。いまの心境は?」
白石「昨日の証拠調べで、母の調書が読み上げられてから、頭のなかは母のことでいっぱい。申し訳ない、本当に迷惑をかけたなと心から思っています」

その後の検察官とのやり取りで、白石がふだんの生活で、ロフトで就寝する際に、ナタや包丁を傍に置いていたことが明らかになった。被害者の関係者が乗り込んできた場合は、それらの刃物を使って殺すつもりだったと語る。

検察官「警察が一人で来たら?」
白石「殺すつもりでした」

家族が同じ目に遭ったとしたら「殺しに行く」

また、起訴されてから二年間の拘置所生活を尋ねられ、「筋トレばっかりしていました。健康のため」と答えた。さらに、勾留中にマスコミの取材を受けた理由について、次のように語る。

白石「拘置所内で買えるおやつを食べたかったからです」
検察官「取材に答えて記事が出ることで、遺族が心を痛めるとは想像しなかった?」
白石「想像しましたけど、おやつの誘惑に勝てなかった」

私自身も取材者の一人だ。このように言われても、反論の言葉はない。ただし、直接白石の話を聞き、彼の犯行について伝えることは、新たな犯行を防ぐ意味も含めて、必要なことであるとの思いはある。

やがて検察官の質問は、白石の親族のことに移った。

検察官「面会に来た親族は?」
白石「一人もいません」

検察官「手紙のやり取りは？」

白石「一度もありません。寂しい、悲しい気持ちを持つ反面、あれだけのことをしたんだから、見放されても仕方ないと……」

検察官「親族に対して伝えたいことは？」

白石「本当に申し訳ない。難しいことかもしれませんが、自分の存在があったことを忘れて生活してほしいです」

己の親族に対する申し訳なさを抱く一方で、前日、一部の被害者を除いてなんの感慨も湧かないと証言したことについて、「本心です」と答える白石に検察官は問いかける。

検察官「遺族の話をどういう気持ちで聞いていたのですか。他人事ではなく、苦しめている実感として受け止めていますか？」

白石「一部の被害者については本当に後悔していますが、一部には深い後悔を持てていないのが正直な気持ちです」

検察官「後悔している一部の被害者とは？」

白石「Aさん、Eさん、Fさん、Iさん（＊最初はHさんと言うが、間違えたと訂正）」

検察官「後悔をしているか、していないかの違いは？」

白石「過ごした時間の長さや家庭環境、逮捕に繋がったことなどです」

さらに検察官は白石に対し、もし自分の母や妹が、被害者と同じように強制性交や殺人の被害に遭い、遺体をバラバラにされて遺棄されたらと、考えたことがあるかどうか尋ねる。

白石「あります。もし同じことをされたら、自分も殺した相手を執拗に追い詰めて、殺しに行くだろうと思います」

検察官「いままで遺族に謝罪してないですよね？　謝罪するつもりは？」

白石「一部の被害者にはすべての罪を認めて、どこかのタイミングで謝罪しようと思っていました」

そこで検察官がいつ謝罪をするのか聞き、白石は「いま」と口にした。

検察官「述べてください」

白石「私が起こした行動により、命を簡単に奪ってしまい、本当に申し訳ございません。おとなしく罪を認めて罰を受けます。本当に申し訳ございませんでした。以上です」

検察官「誰に対してですか？」

白石「被害者四人と一部の遺族の人です」

限定的な反省を口にした白石だったが、その後も「捕まらなければ後悔はなかった」と嘯(うそぶ)く。そんな彼に検察官は、罪の責任をどう取るつもりか詰め寄った。

白石「こういう状況を踏まえて、私の親族や遺族にもできるだけ迷惑をかけないように、簡潔で速やかな刑の執行により償いたいと思ってます」

極刑を予想する白石に、判決後はどうするつもりか検察官が質問した。

白石「私の親族に長々と迷惑をかけたくありません。判決が出たら控訴はせず、おとなしく罪を認めて罰を受けるつもりです」

その後の裁判官による被告人質問では、白石による犯行が可能となった、社会情勢に関わる質疑応答があった。

裁判官「ショッキングな大事件ですが、なぜこのようなことを起こしたのか、原因はなんだと思いますか？　理由よりも、原因として思い当たることがあれば？」

白石「客観的な見方ですが、当時のＳＮＳ事情が、弱っている人に対して、犯罪を犯そう、騙そうとしている人がアプローチしやすい、そんな環境ができていたから、犯行ができてしまったと推測します」

白石は「当時の」と口にしたが、それは決して過去のことではなく、現在もそうだと思わざるを得ない。この事件を受けて、Ｔｗｉｔｔｅｒ Ｊａｐａｎでは、自殺関連の対策を強化した。とはいえ、ＳＮＳで第三者同士が簡単に繋がる世の中には、どこに陥穽（かんせい）があるかわからないのだ。白石に限らず、巧妙に罠を仕掛けて〝弱った人〟を食いものにしようという連中は跋扈（ばっこ）している。

娘の誕生日に遺体と対面したＤさんの母

被告人質問が終わると、休廷を挟んで被害者遺族による意見陳述が行われた。パーテーションで仕切られ、被告人席や傍聴席から見えないようになった状況で、Aさんの母親がまず証言台に立った。

「あの日から三年、私たちのなかで時間は止まったまま……」

母親は涙を流しながらAさんが生きていれば、どんな未来があったかを語る。その言葉を、白石は膝に肘をついて、少しうなだれるような姿勢で聞く。

「私自身、もっと娘に寄り添っていればという後悔しかない。家族はどれだけの月日が経過しても、心が癒えることはない。三食食べて布団で寝ている加害者に憎しみや怒り、悔しさを感じる。加害者が報道関係者に他人事のように話し、裁判では事件を他人事のように話し、名前、顔を晒(さら)された。自宅にマスコミが押し寄せるのも恐怖だった。ただただこれが夢であってほしいと……。加害者に対しては、同じような苦しみや痛みを味わってほしい。死刑でも執行まで人権が守られ、執行されても娘は戻らない。家族は一生苦しんでいかなくてはいけない。二十一歳の短い人生。娘にされたことに強い憤りを感じます。死刑をもって償ってほしい」

続いてAさんの兄による陳述が行われ、その後、白石の前のパーテーションが外され、傍聴席からは見えないが、白石からは証言台が見えるようにされた。そしてCさんの父親と母親による意見陳述が行われた。Cさんの母親が最初から涙声で陳述を述べている間、白石は上体を前に倒し、時折腕を組む。

「この世から消えてほしいです」

母親が語気強く言うが、白石は反応せずに同じ姿勢を続けた。被害者参加人席からはすすり泣きの声が聞こえる。

Cさんの両親の陳述が終わると、白石は上体を起こし、手を膝に置き少し俯いた姿勢になった。白石との間にパーテーションがないまま、Dさんの母親による陳述が始まる。

「……行方がわからなくなってから、昼夜を問わず捜し続けた。娘と似た服装の人を見かけたら走って駆け寄ることもあった。刑事が訪ねてきた。DNA鑑定で娘とわかった。受け止められなかった。遺骨の鑑定が難航し、葬儀も行えず時間だけが過ぎていった。高尾警察署に行ったのは、娘の二十歳の誕生日だった。面影はあったが変わり果てた姿。『誕生日おめでとう』、『やっと見つけられたよ』、『こんなになって辛かったね』と声をかけた。崩れてしまうからと、娘の頬に触ることはできなかった……」

白石は深くうなだれる。膝近くまで頭が下がっている。Dさんの母親の陳述が終わっても、変わらずうなだれている。

次にBさんの両親の意見陳述を検察官が、Gさんの両親の意見陳述を代理人弁護士が代読した。検察官も弁護士も、ともに陳述を読み上げながら涙声になった。Gさんの両親の意見陳述は最後に以下のように締められる。

「なにを悔やんだらいいのかさえわからない。犯人が憎い。心の底から憎い。次に憎いのがマスコミ。裁判員の方には申し訳ない。聞いているだけでも苦しいと思う。犯人をこの手で殺せたら楽になるのか。わかりません。自分がやったことの責任を一日でも早く。最低でも死刑になってほしい」

被害者遺族の慟哭(どうこく)を伴った意見陳述をすべて終えると、裁判長は閉廷を告げた。

第23回

11月26日

〈絞首刑こそもっともふさわしい刑だ〉

死刑求刑時の表情

十一月二十六日の第二十三回公判。九月三十日に始まったこの裁判員裁判の審理も、いよいよ大詰めを迎える。この日は、検察側による論告求刑と弁護側の最終弁論が行われることになっていた。

被告人席の白石に緊張した様子はなく、淡々とした態度を見せる。

論告求刑に先立ち、前日に続いての被害者遺族による意見陳述が行われた。その場にはHさんの父親が立ち、二度と帰らぬ娘に対しての思いを語る。行きどころのない憤りを訴える父親は、白石に対して、「死んでもお前を許さない。娘を返せ！」と怒声を上げた。

しかし白石は、その言葉を無表情で聞く。

続いて論告が始まると、検察官はまず、弁護側との争点になっている、〝殺害の承諾の有無〟に触れ、「被害者のうち誰一人として殺害を受け入れた者はいない。すべての被害者が白石から首を絞められた際に、必死に抵抗していたことは、殺害されることを明確に拒絶していたことの表れである」と訴えた。

ただし、その状況を直接裏付ける証拠は、白石の供述のみであるとし、三つのポイントを挙げて検証。それらの結果、「被告の話は十分信用できる」とし、「殺害に関する被害者らの承諾自体がなかったことに、疑いを差し挟む余地はない」と結論付けた。

また弁護人が訴える、「自殺願望を表明して被告方に向かったこと等から、被告の手によって、みずからの死が実現されることを望み、あるいは許容していたはずで、〝黙示の承諾〟の存在を認める余地がある」との主張に対しては、「都合のよいエピソードだけを繋ぎ合わせた、〝死人に口なし〟による勝手な空想にすぎず、まったく根拠はない。実際の殺害状況に関する被告人供述とも完全に矛盾する」と反論した。

さらにもう一つの争点となっている刑事責任能力の有無についても、精神科医の証言や、一連の犯行の内容から「被告の責任能力にまったく問題がないのは明らか」とした。

検察官は白石による犯行について、「前代未聞の猟奇的かつ重大な連続強盗・強制性交等殺人事案で、罪質は極めて悪質」と表現し、「人命を尊ぶ意識は、微塵もない」と断言。その動機についても、「金銭欲や失神レイプにより、強い性的快感を得たいなどという、専ら自己の欲望の充足のみを目的とした犯行」であることから、「犯行動機には、酌量の余地はまったくない」と突き放す。

またその犯行態様について、「計画的犯行、態様は卑劣かつ冷酷、猟奇的で残虐、被害者の人格や尊厳をまったく無視した非人間的犯行で、悪質極まりない」ものだと指摘。

結果の重大性として、「九名もの未来ある若者が、尊いかけがえのない命を奪われたとの被害結果は、いうまでもなく重大かつ深刻」であるとした。加えて、遺族の被害感情についても、「各ご遺族が被告に対する怒り、憎しみ、峻烈な処罰感情を有し、一様に極刑を望むのも至極当然」と述べる。

この事件が社会に与えた影響について、「自殺志願者を標的にし、インターネットを悪用して巧妙に騙して誘い出すなどした手口、自宅から九名分の頭部死体が発見されたという衝撃的事実から、社会全体に大きな衝撃を与え、世間を震撼させ」ており、「社会的影響は極めて大きい」ものだと主張した。

最後に情状面について、「一貫して罪を認めて事案の解明に協力した点は、有利な事情として、十分考慮に値する」ことは認めたが、「これを最大限考慮しても、犯した罪の大きさからすれば、量刑の結論が左右されることはない」として、「まさに万死に値する行為。死刑に処するのを相当と考えます」と、死刑を求刑したのだった。

その際にも白石は、動揺を見せることはなく、真っ直ぐ正面を向いたままでいた。

最終意見は「なにもありません」

最終弁論の前には、被害者遺族の代理人弁護士を通じて、Aさん、Cさん、Dさん、Gさん、Hさん、Iさんの遺族による意見陳述が行われた。

代理人弁護士は各遺族の処罰感情を代読し、「〝首吊り士〟を名乗っていた被告人には、絞首刑こそもっともふさわしい刑だ」といった文言を交えながら、量刑に言及しなかった一人を除き、残り全員が白石に対して死刑を望むことを明らかにした。

最終弁論になると、白石は膝に肘をつき、だるそうに目を瞑る。

弁護人はまず責任能力について取り上げ、家族歴の検討が不十分であること、鑑定医が被告の供述をそのまま信用していたのではないか、との二点を挙げ、鑑定医が権威のある医師であることは否定しないが、もう一度精神鑑定が必要だと訴えた。

次に殺人の承諾の有無について触れ、承諾がなかったとするには疑問が残るとして、AさんからIさんまでが白石とやり取りをしたDMなどの文面のうち、自殺を志願している言葉や、死に方の希望などが記されたものを個別に紹介した。そのうえで、「被害者が被告に会うのは死ぬため」だったと主張する。

また、強制性交を伴う殺人の承諾についても、弁護人は「二人で部屋に入ることになった時点で、性的なことが一切よぎらなかったとは思えない。そのうえで薬、酒を飲み、そこに留まった。命を絶たれることが最優先であり、承諾は失われていなかった」として、承諾殺人が成立する考えを示した。

さらに弁護人は、白石の供述に不合理な点があることについても指摘し、「記憶が曖昧で信用できない」と述べ、裁判を早く終えたい白石が、その目的を果たすために、事実でないことを話している可能性に触れて、「被告の供述は慎重に聞く必要がある」と裁判官らに呼び掛けた。

最終弁論が終了した時点で、目を瞑っている白石に対し、裁判長は証言台に立つように促した。最終意見陳述である。

裁判長「判決は十二月十五日に言い渡します。最後になにか言っておきたいことは?」

白石「なにもありません」

裁判長「なにもない、ということですか?」

白石「はい、そうです」

こうして、およそ二カ月に及ぶ公判は結審したのだった。

判決公判

12月15日

「犯罪史上まれにみる悪質な犯行といえる」

動揺も感情も決して見せない態度

十二月十五日、これまで二十三回の公判を経てきた白石の、判決公判の日を迎えた。

裁判官らの入廷を待つ白石は、首を傾けて気だるそうにしている。服装はいつも通りのペパーミントグリーンの上下。結局、それは初公判から一度として変わることがなかった。顔にはこれまた黒縁眼鏡とマスクの組み合わせ。それに伸び放題の髪の毛。

開廷が告げられると、裁判長に促され、壁側の被告人席から中央の証言台へと移動する。とくに緊張感を見せないまま、その場に立つ。

「最初に理由を説明し、主文はあとで告げます」

厳刑が予想される「主文後回し」を裁判長が口にすると、白石はその場に腰を下ろした。裁判長が判決理由を読み上げ始めると、彼は両手を太ももの上に置き、当初は姿勢を崩さずに聞いていた。

しかし、被害者が九人に及ぶ事件であるため、Aさんから I さんに至るまで、一人ずつの〈罪となるべき事実〉を読んでいくだけでも、かなりの時間を要する。そのため伸ばしていた背筋はいつしか脱力し、体勢を変えるために、体を左右に揺すったりする姿も見られるようになった。

裁判長は、白石のこれまでの供述内容について、「被告人の公判供述はその信用性を基本的に肯定できる」と認定。そのうえで、Aさんから I さんまでの九人全員について、「黙示の承諾をしていたとみる余地はない」として、殺害に対する承諾はなかったとした。

次に、被害者らが犯行時に酒や薬を飲んでいたことが、すなわち「命を絶つタイミングや方法を被告に委ねた」との弁護側の解釈には飛躍があると説明。白石の部屋で二人きりで酒や薬を飲むことを捉えて、性的行為をされる可能性も予想できたとする主張についても、「失神させられたあとに強制性交される可能性まで、被害者が想定していたとみることに無理があることは明らか」だと否定した。

これらのことに加え、「殺害行為に対する承諾がない以上、殺害されたあとに所持金等を被告人が取得することについても、承諾をしていなかったと認められる」との判断を下した。

また、裁判長は白石の責任能力を認め、「本件（精神）鑑定の信用性に関する弁護人の主張は採用できない」と、再度の精神鑑定は必要ない旨を告げたのだった。

判決理由の後半では〈量刑の理由〉が挙げられる。そこでは、「まずなによりも、九名もの若く尊い命が奪われ、女性の被害者八名は強制性交までされたという、本件の被害結果は極めて重大である」と指摘。被害者の遺体がバラバラにされ、遺棄されたことに触れ、「死者としての尊厳も踏みにじられている。大切な子どもや兄弟姉妹等の家族を突然失った遺族らの悲しみや苦しみは察するに余りあり、各被害者遺族の処罰感情が峻烈であることは至極当然である」と認めている。

さらに、わずか二カ月間のうちに重ねられた犯行のいずれにも計画性があり、「精神的に弱っている被害者を誘い出す手口は狡猾、巧妙で卑劣というほかなく、生命侵害等の危険性が高い犯行といえる」と糾弾し、「自己の欲望の充足あるいは自己の都合のみを目的とした身勝手な犯行であって、酌量の余地はまったくない」と、強い言葉で切り捨てた。

続いて裁判長は、白石が起こした事件を振り返り、「人命軽視の態度は甚だしく、本件は、多数名の命が奪われた殺人ないし強盗殺人罪等の事案のなかでも犯情は相当悪く、犯罪史上まれにみる悪質な犯行といえる」との厳しい評価を下す。また、それだけに留まらず、「SNSの利用が当たり前となっている社会に、大きな衝撃や不安感を与えたといいえ、社会的な影響が非常に大きい」と、単なる加害者と被害者の問題に収まらない、社会に影響を及ぼす、重大な犯罪であると位置付けた。

約一時間二十分に及ぶ判決理由を読み上げると、裁判長は白石にこれから判決を告げるため、起立するように促す。

「主文、被告人を死刑に処する」

直立した姿勢で、判決を言い渡されても微動だにしない白石に対し、裁判長は「聞こえましたか?」と問いかける。

「はい。聞こえました」

白石は小さい声ながら、はっきりと答えた。感情を露わにすることのない態度。証言台から被告人席に戻る際の表情にも、目立った動揺は見られなかった。

それもまた、白石らしい幕引きだということなのだろうか。

裁判でもなお、彼は被害者やその遺族を蹂躙し続けていたのだと、思わずにはいられなかった。

エピローグ

白石から面会の機会を絶たれた私にとって、彼の裁判は〝答え合わせ〟の場であった。つまり、彼がどれほど正直に私の質問に答えていたのか、それがはっきりする機会だと捉えていたのである。

具体的な金額こそ明かしはしないが、私が白石に支払った謝礼は、かなり〝安い〟ものだった。連載で必ず週に一度会いに来る、という条件と引き換えに値引き交渉を行い、それに彼が応じたのだ。本文でも書いた通り、常識の範囲内の金額である。

それでも、面会前に危惧していた、「それ以上のことを話すなら××円もらわないと」という常套句を、彼が口にすることは一度もなかった。

そのうえで、面会した時点では一切表に出ていない、事件や自分についての話を、白石は言い淀むことなく明かした。彼の部屋に来ていて殺害しなかった、三人の女性の話もそれにあたる。

つまり、あのような非道な犯行に手を染める一方で、一旦約束したことは順守するという、几帳面な部分があったのだろう。

裁判のなかで次々と事実が明らかにされていくにつれ、多少の記憶違いはあったものの、白石が私に虚偽の内容を話してはいなかったとの確信は、徐々に強まっていった。ただし、だからこそ悔やまれることも生まれていた。それは先方から面会を打ち切られる前に、彼の家族について深掘りしなかったこと。いずれはきちんと聞いておかなければと考えていただけに、そこに至れなかったことへの無念がある。

公判のなかで明らかになることはなかったが、白石と両親との関係というのが、どうしても不可解なのだ。とくに母親の調書のなかで、白石が職業安定法違反容疑で逮捕されたことを聞いてからのくだり。「平成二十九年の四月、夫からの電話で隆浩が逮捕されたことを聞きました。水商売のスカウトで逮捕されたとき以来、隆浩とは話をしていません」と母親が話していることに、違和感を禁じ得ない。母子でそういうときに電話をしない、会わない、という〝深い溝〟は、いったいなんだったのだろう、と。また、いくら未曾有の凶悪事件を起こしたとはいえ、両親ともに一度も面会に訪れていないこともそうだ。

白石の側にしても同じことがいえる。家族の電話番号を自分の携帯電話に登録していなかったことに始まり、離婚した母親が妹を連れて家を出ていったことを、最初の逮捕後に実家に戻るまで知らなかったこと。その後、本件で拘置所にいる際には、両親の住所を知らないでいるということも。

第二十一回公判で母親の調書が証拠採用され、読み上げられてからは、「頭のなかは母のことでいっぱい」と口にした白石。また、それよりも前から、「親族に迷惑をかけたくないから、(裁判を)早く終わらせたい」と連呼していた白石。そこには、〝家族思い〟という言葉では片付けられないなにか、があるような気がしてならない。

だが、それを白石本人に聞く機会は、永久に失われてしまった。

本稿執筆時点で、すでに白石の死刑は確定している。二〇年十二月十五日の死刑判決を受けてから、弁護人が判決を不服として十八日に控訴をした。しかし白石本人が二十一日に控訴を取り下げたことで、二一年一月五日〇時に刑が確定したのだ。

死刑を選択することで、あれほどの数の無辜(むこ)の命を奪った責任を取ったと白石が考えているとすれば、それこそが最も罪深いことである。卑劣極まりない行為だと、断言できる。

今回、私はいままでやってきた殺人事件取材とは、まったく異なるアプローチをした。

加害者、被害者の周辺を一切当たっていないのだ。つまり、白石と面会する以外、足をほぼ使っていない。それは裁判についても同じで、そのほとんどが裁判を傍聴した関係者への取材に終始した。そうした手段による成果を、事件の本としてまとめることに対する抵抗がないわけではない。

だが、公判が進行するなかで、白石と被害者との具体的なやり取りが開示されるようになると、考えを変えた。

人生の苦悩に溺れそうになり、藁(わら)にもすがる思いで助けを求めた被害者たちの姿が詳らかになってくるにつれ、この現状こそは伝えなければならない、との思いを強くしたのだ。

この事件の被害者たちが日常のなかで抱えていた苦悩に共感する、いまそこに苦悩を抱えている人々に対して、最悪の選択の先には、白石のような〝卑劣な悪意〟が待ち構えている可能性もあることを、記しておかなければならない、と。

白石が起こした事件は、裁判長が判決理由のなかで述べた通り、「ＳＮＳの利用が当たり前となっている社会に、大きな衝撃や不安感を与えたといえ、社会的な影響が非常に大きい」ものだった。そしてＳＮＳが身近なものであればあるだけ、決して他人事として片付けることのできない、〝身近に潜(ひそ)む悪魔〟として、認識する必要がある。

撮影／植　一浩

文庫版エピローグにかえて　特別対談

小野一光 × 高橋ユキ

高橋ユキ（たかはし・ゆき）　1974年生まれ、福岡県出身。2005年、女性4人で構成された裁判傍聴グループ「霞っ子クラブ」を結成。殺人等の刑事事件を中心に裁判傍聴記を雑誌、書籍等で発表。現在はフリーライターとして、裁判傍聴のほか、様々なメディアで活躍中。『つけびの村　噂が5人を殺したのか？』（晶文社）、『木嶋佳苗　危険な愛の奥義』（徳間書店）など著書多数。

——お二人は以前からのお知り合いですか。

高橋　洋泉社ＭＯＯＫ『殺しの手帖〈実録〉平成の未解決・未解明事件の謎』の取材で、二〇一七年に小野さんにインタビューしたのが最初です。小野さんが北九州監禁連続殺人事件の松永太や尼崎連続変死事件の角田美代子の取材をなさった際のことを伺いました。

小野　その後、二〇一九年に高橋さんのご著書『つけびの村　噂が５人を殺したのか？』（晶文社）の刊行記念イベントがあって、ゲストで僕も出演しました。共通の知人が多いのでそれ以外にもちょくちょく会っていて、「今度こういう事件を取材するんだけど、なにか知らない？」と、高橋さんに電話をかけたりすることもありますね。

——座間９人殺害事件については高橋さんも裁判を傍聴したり、白石に面会なさったりしたそうですね。面会したのはいつ頃のことですか。

高橋　二〇一八年の十月から二〇一九年の一月にかけてです。二〇一七年十月に逮捕された白石が、その後起訴されて身柄が高尾署から立川拘置所に移ったあたりの時期です。当時、「ＦＲＩＤＡＹ」（講談社）に高尾署での白石との面会記事が出ていました。白石は面会を受けるんだということと、接見禁止がついていないことがわかったので、それなら会いに行ったら話してくれるかなと思ったのがきっかけですね。彼がどういう喋りをするのか、知りたいと思いました。

小野　それは事前に白石宛の手紙を書いてから出向いたんですか？

高橋　だったと思います。

小野　でも彼自身は決して手紙を書かないんですよね。おそらくポリシーにしていた部分というか、自分の痕跡を残さない。

高橋　そうですね。その手紙を売られるんじゃないかと、猜疑心が強かった印象があります。そこはすごく警戒していましたね。そして自分の金銭的価値はどんどん下がっていくだろうということを、自覚していたような気がします。公判時がピークで、それ以降は自分の価値はなくなるから、いまのうちにいろんな人と会っておきたいというようなことを彼は言っていました。

小野　高橋さんが会った当時の白石は、無精ヒゲとか生やしていましたか？

高橋　『冷酷』の単行本を拝読して自分の印象と一番違いを感じたのが、白石の身なりについてでした。私が会った当時はもっとこぎれいだったんですよね。髪はちょっと長かったけれど、それでも塀の外の残り香があったというか。それに、痩せてひょろっとしていました。

自分に惚れている女の子が服を差し入れてくれるんだと言って、カルバン・クラインのきれいなトレーナーを着てたりしたんです。黒いスウェットに黒いデニム、普通の若者という感じです。こんなに痩せているのに九人も手にかけたとは、にわかには信じられないような見た目でした。

だから公判で見たときは驚きました。あれ？　違う人かなと。小野さんの面会のときにはすでに太っていたと知って、なにがあって彼は変わっていったのか、とても気になりました。

＊

小野　高橋さんは彼に対して、どういう人物であるという印象を持ちましたか？

高橋　じつは私も突然面会が終わったんです。小野さんと一緒だったんですよね。まったく同じ展開を辿るんだと思って。

小野　高橋さんの場合は、これが悪かったんじゃないかと思い当たる部分はありました？

高橋　それがなくて、すごく不可解だったんです。そのあとずっとなにがダメだったのかを考えていたのですが、きっと白石は、面会のときに本性といいますか、自分の感情は出していなかったんだなという結論を出しつつあったときに『冷酷』を読んで、やっぱりそうだと思いました。誰にも本性を出さない、自分の感情を正直に伝えない人なのかもしれないと感じました。小野さんは、なぜ白石が面会に応じなくなったと考えていますか？

小野　僕もわからなかった。どこかで彼にとっての地雷を踏んでしまった部分があるのかなとは思うけれど、それがなにかっていうのは、はっきりしないままだったわけです。

高橋　小野さんはこれまでいろいろな殺人犯と面会なさっていますよね。その人たちと比べても今回の終わり方は突然だった印象はありますか？

小野　そうですね。たとえば打ち切られたケースとしては、近畿連続青酸死事件の筧千佐子がそうですが、このときは彼女が激高する質問をあえてしたんですね。彼女が嘘を言っているという裏は取れていて、面会も二十数回になって行き詰まっているので、ここはもう、最後はちゃんと聞かなくてはいけないと覚悟して質問して、案の定、本人が怒ってそれで会えなくなった。だから覚悟のできている面会拒否でした。

ただ、白石のような、理由の推測できない面会拒否のパターンというのは初めてでしたね。

＊

――小野さんは今回「白石と面会する以外、足をほぼ使っていない」とエピローグに書いていますが、被害者遺族や関係者に取材しなかったのはなぜでしょうか。

小野　取材時期が新型コロナ感染拡大時期と重なったというのが、理由の一つです。もう一つは、被害者ご遺族全員が弁護士を立てていて、拒絶の意志の強さがわかっていたということがあります。

あともう一つは、白石自身が犯行を否認していない点です。否認している事案であれば、彼が嘘をついている部分がないかどうかを、被害者遺族や関係者周辺を取材することで確認していく必要があるけれど、本人が僕に対して、面会時にすべて話している。裁判が始まっても、検察側が提示する内容を本人が全部認めているわけじゃないですか。そうすると、新型コロナの状況、遺族側が嫌がっている状況のなか、それを強行突破する意味があるのかと考えた部分は大きかったです。

また、最近の裁判員裁判としては非常に珍しく、被害者の背景についてかなり細かいところまで説明がありました。事件のアウトラインを知ることに関して、裁判で事足りた面があります。

ただし、エピローグにも書いたように、彼と家族の関係については取材が必要だったなというふうには、やっぱり思う。それは事実です。

高橋　じゃあ小野さん、もし新型コロナ感染拡大の状況がもう少し良くなったら、家族を探してみるおつもりですか？

小野　どうだろう？　わからない。そこは正直、わからない。

高橋　すごく大変そうですもんね。

小野　事件取材のやり方としては、まずは取材相手を探すことから始まりますからね。つまり白石の家族、もしくは白石家の内部事情を知る親族などの関係者を探すことになる。周辺を徹底的に聞き込んで、わずかな手掛かりを辿るようにして、運が良ければようやく糸口が見つかるというような、細くて険しい道だといえます。内容を具体的に言うと、誰々さんなら知っているかも、という人を一人ずつ潰していく作業です。しかも幸い関係者の居所がわかったとして、それからダメ元で相手に当たるわけで、いままで頑(かたく)なに口を閉ざしてきた人が、新たに告白するという可能性は非常に低い。そのすべてをクリアできて、ようやく取材できたということになるんです。

本当に地道にやるしかないんですよ、細かいことを。それが事件取材の現実です。

＊

——お二人は殺人犯と面会する際、どういうことに気をつけていらっしゃいますか？

小野　メモを取るかどうかはけっこう気を遣っていて、初回の最初は取らないです。面会室にメモ帳を持っては入るけれど、開かない。初回は相手がこちら側を窺っているというか、疑いの目を向けているので、いきなり聞き出そうとはしない。押すと逆効果だと、僕は思っている部分があります。

高橋　そうなんですね。勉強になる。

小野　初回は雑談に終始することも多くて、「次回、なにか欲しいものありますか？」とかそういう話をします。そうすると相手は、自分が思った通りに動いてくれるんだとか、意外ときつい質問をしてこないんだなと、心を開いてくれるようになるんです。

一方で、「だけどやっぱり僕も、あなたに厳しいことも聞かなきゃいけなくなるからね」という話もします。いずれそういうときも来るよ、と。相手は「わかります。小野さんも仕事で来てるんでしょうから」と頷いてくれます。「ただ、できる限りのことはするから、たとえば裁判の流れでわからないこととか、表のことで心配なことがあれば言ってください」と、そういう形で、相手側の人間ですよというふうに思わせるようにしていく。

高橋　私も小野さんがやって来て話を聞かせてくださいって言われたら、喋っちゃいそう。この人だったら、と面会に応じた人が喋りたくなるだろうなと感じますね。

小野　コツと言っていいかわからないけれど、やっぱり聞き出そうとしないことなんですよ。聞き出そうとすると絶対にみんな固まって、自分を防御しようとする。高橋さんが殺人犯との面会で心がけているのはどういうことですか？

高橋　初回は、相手がどういうスタンスで面会に応じてくれたのかを探りますね。事件について話して記事にしてほしいのか、記事にしてほしくないけれどただ話したいのか、いろいろなスタンスがあると思うので、話しながらそこを把握して、それで取材として話をしてくれるようなら、これからも……と次に繋げます。

――お二人とも初回は様子見というか、次に繋げることを大切にしているのですね。

小野　でも、それってやっぱり怖いんですよ。初回で相手が心を閉ざす可能性もあるから、肝心なことがなにも聞けていないのにもう会えないという最悪のことが、あり得るわけでしょう。

高橋　そうですね。たとえば『つけびの村』の保見光成(ほみこうせい)への取材では、拘置所のある広島に私が滞在できる日数が限られていて、何度でも面会できるわけではなかったので、そこは勝負をかけないと、と考えて作戦を練って、初回はやはり彼の言い分を聞きつつも、二回目はこちらが聞くというようにしました。状況によってはそういう無理をする場合もありますね。

＊

――殺人事件にまつわる取材や本書のような書籍にはどういった意義があると、お二人は考えていますか？

高橋　私は社会的意義を考えて取材をしているというより、ただ自分が知りたいからというのが大きいです。自分が知りたいものを、世の中の何割かの人も、同じように知りたがっているんじゃないかという気持ちがある。

それから当事者の方も、マスコミだから全部嫌だというわけではなく、むしろ自分がこんな気持ちでいることを広く社会に知ってほしい、話したいんだと思っている人もいらっしゃるんですよね。一律にマスコミを嫌っているわけでもないというのは感じていて、それは聞いてみなければわからないので行くしかない、そういう部分はあります。もちろんたいていの場合は強烈に拒否されますけれどね。小野さんはいかがですか？

小野　座間9人殺害事件について言えば、世の中にはいろんなところに落とし穴があるということを知らしめた事件でした。軽い気持ちでSNSから連絡したとか、もしくは苦しくてすがってしまったとか、そういう人たちに罠を仕掛けた犯罪だったわけです。

これは裁判のなかで明らかになったことだけれど、被害者の人たちは本当に自殺したかったのかというと、そうではなかったわけです。だけど苦しいからすがる相手を求めて、白石みたいな人間に近づいてしまったということがどんどん明らかになっていった。こういう事実があるということは、世間に知らせておく必要がある。それで僕は、本書を出すべきだと思いました。

高橋　死にたいと言っていたとしても本当に死にたいわけじゃなくて、死にたい気持ちの人同士で繋がりたいっていうことだったんでしょうね。

小野　そうなんですよね。だから白石と話しているうちに被害者のほうから、やっぱり自殺はやめますって言ったりしているわけじゃないですか。

高橋　みんな寂しいんですよね、きっと。

小野　そういう感情を共有できる人が身近にいなかったんだろうなというふうには思ったりしますね。そんななかで出会ってしまったのが白石で、亡くなった人たちはどんなに無念だったろう、怖かったろうと思うばかりです。

（聞き手・構成／編集部）

解説——凡庸な悪の特異点

森 達也

小野一光ほどではないけれど、僕もこれまで多くの死刑囚に会ってきた。彼らは凶暴で邪悪で冷酷な人たちなのか。もしもそう質問されたなら（実際に何度かされた）、そんな人は一人もいないと僕は即答する。

もちろん個人差はある。気が短い人はいた。でも鷹揚な人もいる。他者の感情に少しだけ鈍いのかなと思った人はいる。でも逆におどおどと敏感すぎる人もいた。大雑把な人もいたし細やかな人もいる。

つまりグラデーション。僕たちと何も変わらない。でも彼らはみな、この世界においては生きる価値がないと判定された人たちだ。だから透明なアクリル板越しに面会するたびに悩む。どのように話すべきか。向けられる視線をどのように見つめ返すべきか。それがわからなくなる。

人はみな死ぬ。病気や事故で。老衰で。僕もあなたも。でも彼らは死なない。殺さなければならない。死ぬ前に殺されることが社会の合意として決められた人たちだ。その意味が時おりわからなくなる。人を殺したから殺される。それは当たり前なのか。面会した一人である植松聖は、人の命を選別して奪った罪で死刑が確定した。でもならば、植松には生きる価値がないと命を選別したのは誰なのか。罪とは何か。罰はどうあるべきか。今さらドストエフスキーではないけれど、ずっと悩み続けている。

第二次世界大戦終結後、強制収容所へのユダヤ人大量移送の責任者だったアドルフ・アイヒマンはアルゼンチンに逃亡し、リカルド・クレメントと名前を変えてドイツから呼び寄せた家族と共に生活していた。イスラエルの諜報機関であるモサドの工作員たちはクレメントを看視していたが、アイヒマンであるとの確証がどうしても摑めない。ところがある日、仕事帰りにクレメントは花屋に寄った。妻の好きなアスターの花を買うために。尾行していた工作員たちはその瞬間に、その男がアイヒマンであることを確信した。なぜならその日は、アイヒマン夫妻の結婚記念日だったのだ。

子供を愛し、結婚記念日に妻に花を買う男は、同時にユダヤ人大量虐殺に手を染めていた男でもあった。

エルサレムの劇場を使って公開された裁判は全世界に公開されて、アイヒマンの姿を目撃した多くの人は強い衝撃を受けた。法廷に現れたアイヒマンは眼鏡をかけた貧相な痩せた男で、狂暴で冷血なイメージとはかけ離れた外見だったからだ。「なぜユダヤ人をこれほど無慈悲に殺害する行為にあなたは加担したのか」と何度も質問されながら、アイヒマンの答えはいつも同じだった。私は命令に従っただけ。つまり中間管理職。この裁判を傍聴席で見続けたハンナ・アレントは、「凡庸な悪」というフレーズを想起する。アイヒマン自身は邪悪でもないし冷血でもない。ただし帰属した組織の振る舞いはこれ以上ないほどに邪悪で冷血だった。ならば彼の罪は、組織内で凡庸なほどに従順だったことなのだ。

死刑判決が下された翌年である一九六二年、アイヒマンは処刑された。死刑制度を持たないイスラエルにおいて、最初で（今のところ）最後の死刑執行だ。

「命令に従っただけ」は言い訳なのだろうか。虚偽なのだろうか。僕にはそうは思えない。ホロコーストだけではなく、アルメニアの虐殺やスターリンの大粛清、南京虐殺に文化大革命、クメール・ルージュにルワンダの虐殺など、大量虐殺が起きるメカニズムを考えるうえで、アイヒマンのこの言葉は重要な補助線になる。命令されたのだ。それは私の意志ではない。私だけではない。多くの人は従っていた。

アウシュビッツ強制収容所の所長だったルドルフ・ヘスは、収容所内の一軒家で家族とともに暮らしていた。愛妻家で子供たちの教育に熱心だったヘスと家族が暮らす家のすぐそばでは、毎日のように殺害されたユダヤ人たちが焼却されていた。煙突から立ち上る煙はヘスの目に入らない。あるいは見たとしても気づかない。多くの同僚たちと同様に上層部からの指示に従うだけだ。処刑前にヘスは現在の心情について、「私はそれとは知らず第三帝国の巨大な虐殺機械の一つの歯車にされてしまった」と記している。

北極圏に暮らす人たちがいる。赤道直下のジャングルや砂漠で生きる人たちもいる。つまり人の馴致能力はとても強い。ひとつの種でここまで生存領域を広げた高等生物は、（人とともに暮らしながら品種改良を重ねられてきた犬を別にすれば）他にいない。でも強い馴致能力は、自らを環境に強引に合わせてしまうことと同義でもある。本来であれば持つべき違和感が機能しなくなる。

アイヒマン処刑後、イェール大学のスタンレー・ミルグラムが、閉鎖的な状況において権威ある存在の指示に従う人間の心理状況を実験した。ミルグラム実験（アイヒマンテストとも呼ばれる）だ。無作為に選ばれた多くの市民は、一定の環境が設定されたなら、誰かが死ぬかもしれないと思いながらも自分に下された指示に従うことを証明した。つまり誰もがアイヒマンやヘスになりうるのだ。浄土真宗の宗祖である親鸞は、「さるべき業縁のもよおせば、いかなるふるまいもすべし」（『歎異抄』第十三条）とのフレーズを残している。業縁を僕は環境と訳す。こうして人は人を殺す。残虐だからではないし、冷酷だからでもない。群れて生きることを選択したホモサピエンスは、自らの環境の影響をとても強く受ける。虐殺や戦争だけではない。環境次第で人はどんなふるまいでもしてしまう。善良で優しいままで人を殺す。つまり凡庸な悪。

生まれながら残虐で冷血な人はいない。これは僕の信条だ。群れて生きることを選択したからこそ、本来の人の利他性はとても強い。そのように生まれついている。確かにサイコパスはいる。ただしそれは病気だ。モンスターはいない。ナチュラル・ボーン・キラーは存在しない。

でも座間九人殺害事件については、僕はこの公式を当て嵌めることができない。いまだに説明できずにいる。白石隆浩がなぜ九人を殺害したのか、その理由と動機がわからない。沈黙しているからではない。白石は饒舌だ。面会した小野に、殺した理由について、そのときの心情について、淀みなくしゃべる。金銭と性欲を満たすため。要はこれに尽きる。これ見よがしではない。虚勢を張っているわけでもない。

家庭やかつての仕事も含めて、大量殺害に結びつくような特異な環境にいたわけではない。大きな心的外傷を受けた形跡もない。白石が独立後に父と母は離婚しているが、それが白石の深層心理に大きな影響を与えたと考えることは難しい。犯行時に心神喪失か心神耗弱であったとも思えない。

小野との面会を十一回重ねてから、白石は唐突に以降の面会を拒絶した。理由はわからない。小野は「私の書いた記事が、なにか彼の逆鱗に触れたのかもしれない」と書いている。おそらくはそうなのだろう。他に理由を思いつけない。でも何が逆鱗に触れたのかわからない。逆鱗の位置や形もわからない。

結果的に本書は、面会篇と裁判篇の二部構成になった。ただし二つのパートは分離しているわけではない。小野が書くように、裁判は面会時の言動の答え合わせの場でもあった。そして結果として、面会時と裁判とで齟齬はほとんどない。つまり白石は隠していない。ごまかしてもいない。だからこそ逆に不安になる。だって煩悶や葛藤がなさすぎる。平坦なのだ。あまりにのっぺりしている。そんなはずはないと思いながらも、そんなはずはない根拠をどうしても見つけられない。小野も同じ思いであるはずだ。白石と家族との関係に不可解な要素があるのでは、と推測する。それが逆鱗なのだろうか。

確かにその気配はある。でもやっぱり具体的にはわからない。

一審判決後、白石は弁護人が進めた控訴手続きを取り下げた。つまり死刑判決を自ら確定させた。最後まであがいていない。煩悶がない。後悔もない。畏怖もないし執着もない。それは今後も変わらないのか。わからない。時間の経過は白石にどんな影響を与えるのか。あるいは与えないのか。死刑確定から一年が過ぎたけれど、それも今はわからない。

ここで終わらせたくない。絶対に終わらせるべきではない。小野は今もそう思っているはずだ。僕もそう思う。死刑制度についての論議はここでは控えるが、確定後は社会との関係をいっさい断絶させられる（家族と再審弁護人と特別面会人以外は面会も手紙のやり取りもできない）現行システムについては、強く異議を唱えたい。

そして無理を承知で書くけれど、白石についての煩悶を小野には持続してほしい。おそらくそれはノンフィクションではなく、文学のレベルになるのだろうけれど。

——映画監督・作家

こころの健康相談統一ダイヤル

0570-064-556（有料）

相談対応の曜日・時間は都道府県によって異なります。
※050で始まるIP電話やLINE Outからは接続できません。

よりそいホットライン

0120-279-338（フリーダイヤル）

岩手県、宮城県、福島県からかける場合
0120-279-226（フリーダイヤル）

050で始まるIP電話やLINE Outからかける場合
050-3655-0279

24時間対応しています。

この作品は二〇二一年二月小社より刊行されたものです。

本書Ⅰ章の初出は『週刊実話』連載「座間9人連続殺人事件　白石隆浩被告　対面記」（二〇二〇年八月十三日号～十月二十九日号）です。

幻冬舎文庫

●最新刊
短篇集こばなしけんたろう 改訂版
小林賢太郎

「僕と僕との往復書簡」「短いこばなし」「二人の銀座 コレクション」「百文字こばなし」「ぬけぬけと嘘かるた」「覚えてはいけない国語」ほか、小林賢太郎の創作・全26篇。(文庫改訂版)

●最新刊
やめるな外科医 泣くな研修医4
中山祐次郎

雨野隆治は医者六年目、少しずつ仕事に自信もついてきた。ある夜、難しい手術を終え後輩と飲んでいると、病院から緊急連絡が……。現役外科医が生と死の現場をリアルに描くシリーズ第四弾。

●最新刊
メガバンク起死回生 専務・二瓶正平
波多野聖

役員初の育休を取得していた二瓶正平。ある日、専務への昇格と融資責任者への大抜擢を告げられる。嫌な予感は当たり、破綻寸前の帝都グループの整理をするハメに……。人気シリーズ第五弾。

●最新刊
雨に消えた向日葵
吉川英梨

埼玉県で小五女子が失踪した。錯綜する目撃証言、意外な場所で出た私物——。情報は集まるも少女を発見できず、捜査本部は縮小されてしまう。だが捜査員の奈良には諦められない理由があった。

●幻冬舎時代小説文庫
鯰の夫婦 居酒屋お夏 春夏秋冬
岡本さとる

父子で釣りをしている最中に、事故で息子を喪ってしまった男は自分を責め抜き、気うつに。悲しみゆえにすれ違う夫婦へお夏が一計を案じたら……? 感涙必至の人情シリーズ、待望の第五弾。

冷酷（れいこく）

座間9人殺害事件（ざまにんさつがいじけん）

小野一光（おのいっこう）

令和4年4月10日　初版発行

発行人――石原正康
編集人――高部真人
発行所――株式会社幻冬舎
〒151-0051東京都渋谷区千駄ヶ谷4-9-7
電話　03(5411)6222(営業)
　　　03(5411)6211(編集)
　　　振替00120-8-767643

印刷・製本―中央精版印刷株式会社
装丁者――高橋雅之

幻冬舎アウトロー文庫

ISBN978-4-344-43183-6　C0195　O-131-2